陈乐素 —— 著
陈智超 陈浩宁 —— 编

陈乐素中日关系史及日本史研究论丛

古代中国与日本

中国出版集团
研究出版社

图书在版编目 (CIP) 数据

古代中国与日本 / 陈乐素著 . —— 北京：研究出版社，2022.11

ISBN 978-7-5199-1378-6

Ⅰ.①古… Ⅱ.①陈… Ⅲ.①中日关系 - 文化交流 - 文化史 Ⅳ.① K203 ② K313.03

中国版本图书馆 CIP 数据核字 (2022 第 208655 号

古代中国与日本

陈乐素　著

研究出版社 出版发行

（100006　北京市东城区灯市口大街 100 号华腾商务楼）

北京中科印刷有限公司印刷　新华书店经销

2022 年 11 月第 1 版　2022 年 11 月第 1 次印刷
开本：710 毫米 ×1000 毫米　1/32　印张：8.75
字数：206 千字

ISBN 978 - 7 - 5199 - 1378 - 6　定价：58.00 元

电话（010）64217619　64217612（发行中心）

版权所有·侵权必究

凡购买本社图书，如有印制质量问题，我社负责调换。

目 录

导　言 1

《魏志·倭人传》研究 1

后汉刘宋间之倭史 24

日本民族与中国文化 49

日本古代之中国流寓人及其苗裔 55

中国文字之流传日本与日本文字之形成 109

日本之遣隋唐使与留学生 128

光绪八年朝鲜李（大院君）案与朝日定约史稿 190

第七世纪中叶的中日战争 235

古代日本及其新文化 249

朱舜水一尺牍 261

清光绪八年处理朝鲜大院君倡乱事件密档之一斑 265

导　言

　　先父乐素先生对宋史研究的重要贡献，为史学界所知。但他早年对中日关系史和日本史的研究，知之者甚少。因此，将他关于这方面的论著结集出版，有现实意义，所以特为介绍。

　　1918年，先父16岁的时候，先祖父陈垣（援庵）先生就把他送到日本留学，在明治大学求学四年，攻读经济学。先祖父还特别叮嘱他，留学期间要注意了解留传于日本的中国古籍，要多听日本学者的有关讲座。先父发现，在日本学者中，有一些人在自觉或不自觉地歪曲日本历史，神化天皇，为日本军国主义侵略中国作舆论准备。

　　1922年，先父从日本回国，先后在广州几所中学教授文史，系统阅读了中国的重要史籍。1926年，又投笔从戎，任第五军政治部宣传员，是国民党的左派。1928年，先父来到上海，并在次年与陈彬和先生合作成立日本研究所，并任《日本研究》主编，先后发表了收入本书的七篇论文。先父的工作得到了爱国老前辈马相伯（马良）、蔡元培、黄炎培等先生的高度评价及大力支持。马良先生为该刊题签，他和蔡元培、黄炎培还为先父的文章撰写序言，热情推荐。

　　经过四代人近百年接力，这些富有考证性的文章终于出版，将和读者见面。在成书过程中，我将这些文章结集，我儿子雪松组织我的孙子陈浩宁及同事孙海娟、刘培荣、贾腾、谢海松将繁体竖排改为简体横排，以便当今读者阅读。

可以说，这本书凝聚了四代人的心血。

黄炎培先生在他主持的《人文》月刊1930年第1期上发表了乐素先生抄存的《清光绪八年处理朝鲜大院君倡乱事件密档》并做了说明："相老人（马良）和我谈到清光绪八年朝鲜大院君倡乱事，说有直隶督署往来文件多种，系向当时直隶总督张振轩的哲嗣冀庸假得，由乐素钞存副本。急向乐素索阅，钞取数通，发表本刊，俾与老人谈话笔记，互相参证。中间第五、第六两件，直督复函，及马道来函，规画得周详老练，此案所以迅速办了，未始非张振轩、马眉叔二人的功绩。至于这项全部文件有统系的发表，且待乐素。编者志。"因为这批文件可与乐素先生在《日本研究》上发表的文章相印证、补充，所以收入本书中。

陈智超

2021年4月3日于北京

《魏志·倭人传》研究

第一 《魏志》以前之汉籍倭记载

"倭"或"倭人"民族之命名，其由来已远而不可考；然《说文》："倭，顺貌，从人，委声。"《诗》曰："周道倭迟。"《广韵》："倭，东海中国，乌禾切。"光武赐倭奴国王印，文曰"汉委奴国王"。然则名之为倭，固不含何种意义，而当为一种音译，可无疑也。倭之指古日本民族，又不待言。以民族称倭，其最早见于我国现存文献者，为《山海经》，其《海内北经》："盖国在钜燕，南倭北倭属燕。"然此书时代不明，未可以为据。其次王充《论衡·恢国篇》："成王之时，越常献雉，倭人贡畅。"

以第一世纪时代人而言纪元前七百五十年以上之事，其可信之程度甚低。

又次，《前汉书·地理志》："乐浪海中有倭人，分为百余国，以岁时来献见云。"味其语意，当为一种传闻，传闻之来，似自乐浪人；曰来献见，又似献见于乐浪，为边郡而非中央，故志之作者不能知其详。此虽未能遽认为史实，然故不失为一种比较可靠的史料也。

次《后汉书·光武帝纪》："中元二年春正月辛未……东夷倭奴国

王遣使奉献。"同书《倭传》："中元二年倭奴国奉贡朝贺……光武赐以印绶。"纪元一七八四年，日本天明四年二月廿三日，有人在筑前国糟郡志贺岛叶崎发掘，得一印，文曰"汉委奴国王"，方七分八厘，厚二分，高四分，重二两九钱，蛇钮，阴文，篆体，印经日本三宅米吉氏考证，确认为中元光武所赐者（文见《史学杂志》第三编卅七号），虽有反对者，然理由不足。氏谓奴即日本书纪之傩（音 NA），后之那珂；斯已为史学界之定说，可证《光武帝纪》及《倭传》所记两条文之确，则此项记载，可认为我国史籍中所载最早可征之倭史实。

次同书《安帝纪》："永初元年……冬十月，倭国遣使奉献。"同书《倭传》："永初元年倭国王帅升等献生口百六十人，愿请见。"倭国王帅升，据日本木宫泰彦氏《日支交通史》："北宋版《通典》作倭面土国王帅（原书作师，误）升，日本古传之《后汉书》亦然，又异称日本传引《通典》作倭面土地王帅升。"

综观以上记录，除《山海经》未可据外，《论衡》之作者王充为光武时人（王充述周事不可信，然彼当时确已知有倭），《前汉书》之撰者班固，亦光武时人，而倭使之来，亦于光武时期，则可假定我国后汉初始知有倭，而所知不详。

光武赐倭王印，而印有文，印入倭，同时我国文字入倭，倭王与倭使，虽未必解印中文字，然必知文意，此可于其授受间推知；则又可假定倭吸收我国文化始于此。

永初以后，倭之消息寂然。至第二世纪末与第三世纪初期，倭韩之关系渐深，同时以韩与我国东北部本具渊源，故间接倭人与我国东北部亦渐发生关系；由是倭之史渐显。魏景初三年（纪元二三九年），倭女王卑弥呼遣使来（《魏志》作"二年"，为传写之误），而正始间梯儁、张政等因以入倭；其入倭也，于使事外，更于倭为详细之探访调查，而为之记录，于是倭人真相大显；此距永初初元一百三十余年事也。所谓倭之记录，载于《魏志·倭人传》中。

第二 《魏志·倭人传》与《后汉书·倭传》

廿四史自《后汉书》以下，有倭或日本传者十二：《后汉书》曰倭，《魏志》《晋书》曰倭人，《宋书》《南齐书》曰倭国，《梁书》曰倭，《隋书》曰倭国，《旧唐书》有倭国及日本两传，《新唐书》《宋史》《元史》《明史》均曰日本。以时代言，当然后汉先于魏，然《魏志》成于第三世纪晋初，《后汉书》成于第五世纪之刘宋时代，先后反距百余年，且《后汉书·倭传》几完全抄袭《魏志·倭人传》而妄意改窜，谬误可笑，如：

《魏志》："……旧百余国，汉时有朝见者，今使译所通三十国。"
《后汉书》："……凡百余国，自武帝灭朝鲜，使驿通于汉者三十许国。"
以"今"而改"汉"，是以魏为汉也。又，"译"字亦误作"驿"。

又如，《魏志》："计其道里，当作会稽东治（治应作冶）之东，……所有无与儋耳、朱崖同。"《后汉书》："其地大较在会稽东冶之东，与朱崖、儋耳相近，故其法俗多同。"

按《前汉书·地理志》："粤地……自合浦徐闻南入海，得大洲，东西南北方千里，武帝元封元年略以为儋耳、珠崖郡。"儋耳、珠崖在今琼崖岛。《后汉书》抄袭《魏志》，而时间与空间均谬误至此，而后世言倭，竟有以此书为根据而循其谬误者。

然《后汉书》有中元、永初两记事，为《魏志》所无，此殆根据光武、安帝两帝纪所增入，而赐印绶与献生口等事，又必另据他种典籍，此种典籍为何，惜早已如泥牛入海，永无消息矣。证之日本发见赐印，则此项记载至确，而《后汉书》该传之能挽回相当价值者全赖乎此。

第三 《倭人传》与日本史籍

《魏志·倭人传》（以下简称《倭人传》或《传》），记第三世纪之倭也，然则可与日本史籍第三世纪时代之记事对照。然《传》中所述之中倭间史事，固不见于日本史籍；而《传》中所载当时之倭人情况及其风俗习惯，亦与日本史籍同时代之记事绝不相关。以同一时代、同一地点之事件，而两国记录绝无相同之点，此实一大异事，亦一大疑问，然则二者之间，必有一真一伪，或两者均伪。

倭为古日本民族，然则当先研究日本史籍，如其所记者确，则《传》可弃置。日本史籍之最早者为《古事记》与《日本书纪》，即所谓记纪二典，而一般日人一向极尊重之。《古事记》成于和铜五年，即纪元七一二年，而我国为唐景云三年。《日本书纪》则成于后此八年之养老四年（纪元七二〇年，唐开元八年）。其后于《魏志》四百余年。二书均为安万侣所撰，前者分上中下三卷，为系统的传诵体，无年月之系；后者分三十卷；其第一、二卷为神代纪，三卷以下自神武起为编年体。编年体之《日本书纪》，其对外关系之记事，与我国及朝鲜史籍不符者甚多，数十年来日本史学者如菅政友、那珂通世、星野恒、久米邦武、吉田东伍等诸氏，已屡论其谬误。其谬误之原因如下：

（一）《书纪》之作者误认《魏志·倭人传》所载之耶马台国女王卑弥呼即神功皇后，而神功皇后与卑弥呼之年代不符，于是将神功及其以下诸皇之年代增长，使凑合于卑弥呼之年代。又因《传》中有"其人寿考或百年，或八九十年"之句，一如《后汉书》之误以为其人多百岁，因于神功以前诸皇，亦牵长其在位年数，于是《书纪》中所记，事或有之，而年代则大谬矣。

（二）日本平城天皇三年（纪元八〇八年，唐元和三年）斋部广成作《古语拾遗》曰："盖闻上古之世，未有文字，贵贱老少，口口传。"又传注云："《魏略》曰：其俗不知正岁四时，但记春耕秋收为年纪。"既无历之知识，年代已不能确，而所谓"口口相传"之性质，于事件前后之次序与事件之真相，已难免颠倒混乱失漏之虞，而传承之间，又必生变化，况当知识蒙昧之半开化或未开化时期，数年之事，已难保其真，况数十年以至数百年乎？《书纪》之立脚点已如此，而作者既于史作编年，则各种事件，其无年月者，又自不得不强附年月，于是误之又误，则其价值之定评为何如？

尚有一事，《书纪》之作者，既误认神功为卑弥呼，然于遣使中国之事，则又讳莫如深，不着半字，其理不言而喻。当见源光圀撰《大日本史》，列中国于诸蕃，盖同一心理也。

《日本书纪》之谬误原因既明，则其同时代之记事，与《传》毫不相干，原无足怪。根据日本史籍不能推翻此《传》，则《传》固有研究之必要矣。

第四 《倭人传》之根据与传写问题

《传》之撰者陈寿，晋人，以晋人言魏事，容有谬乎？曰：果有谬也，然其谬，不谬于乱言与伪言，而谬于不审地理。细观全传，文意殊不一贯，每各个自为段落，不相连属而文末亦无谓结束，是则显然非陈寿之创作，而实采择若干种不同之记录而拼凑之，采择之间，既失缜密之旨，而拼凑之后，又未加若何整理与详审，故谬误由是而生。然陈寿之《魏志》，原不止一《倭人传》。且当时海外交通，犹在初期，故其时倭之地理不详，固应原谅也。

至于其所采择之若干种不同之记录为何？据现在所知，《魏略》其一，《魏略》为鱼豢所撰，其书虽亡，然其间有关于倭之记载文字，唐张楚金之《翰苑》曾引用之，惜案旁乏是书，致未能一窥其文。然可决《魏略》只为若干种不同之记录之一种而已，盖《史通·正史篇》明言："魏时京兆鱼豢私撰《魏略》，事止明帝。"而《传》中所记则止于正始八年故也。然则《魏略》以外之记录为何？《传》：

> 从郡至倭……郡使往来常所驻。
> 自郡至女王国万二千余里。
> 景初二年（当作三年）六月，倭女王遣倭大夫难升米等诣郡。
> 其八年太守王颀到官。……遣倭载斯乌越等诣郡……

其所谓郡者，带方也，所谓到官者，到带方也。倭使来，先到带方，中国遣使，亦自带方，统观全文，悉以带方为中心，且当时中倭间交通亦以带方为媒介，故其所采择者必为若干种带方郡之官中记载与曾任使倭之带方官吏之记录无疑。而使倭者不止一人，其到达地点未必相同，其行程亦未必相同，所闻所见，又详略各异，选录之间，而不审其地情，自易混误。

又《传》中于地名及数目字，间有误书者，今将可知者列下："又南渡一海，千余里，名曰瀚海：至一大国。一大国，《梁书·倭传》作一支国，即今之壹岐岛。""南至耶马壹国，女王之所都。"耶马壹之"壹"，《后汉书》《梁书》《隋书》俱作"臺"。计其道里，当作会稽东治之东。东治，《后汉书》《晋书》俱作东冶。《前汉书·地理志》会稽郡有冶县，又《后汉书·倭传》有"会稽东冶县人有入海行，遭风波移至澶洲者"之句。"景初二年六月，倭女王遣大夫难升米等诣郡，求诣天子朝献。"景初二年当作三年，下文当详论之。此特举其可知者耳，其余有无尚属疑问也。然此可断为传写之误，而非原撰者之误。

误字有矣，漏字有无，亦不可不研究。按《传》："……今使译所通三十国。"而《纪传》中所列女王统属之国，适为三十之数，此似非偶然暗合；盖当时之倭，除女王国之外，尚有所谓狗奴国、侏儒国、裸国、黑齿国等，然与带方通使者仅一女王国，而女王国所统属者三十国，故云"今使译所通三十国"也。三十国之中有两奴国，余疑并非重复，亦非同名，而为乌奴国之下之奴国，必为倭奴国，而漏去一字。同时以"奴"字名者如弥奴、姐奴、苏奴、思奴等，而伊都国下之奴国。依其位置言，即中元朝献之奴国，可确无误外，此奴国则不能无疑乌。

第五　倭女王遣使之原因

《传》之外形既已略明，今当进而研究其内容问题。先有倭遣使来，而后郡使入倭；郡使入倭，而后有倭记事，故当先研究倭遣使之原因。

纪元五七年（中元二年）倭奴国来，其来也必先中国有特别影响于倭或其邻国，而后倭知有中国，知有一文化先进之庞大中国，因仰慕而自动来朝献也。中元之来，究受何种特别影响，虽不可详，而《后汉书·东夷传》：

> 王莽篡位，貊人寇边，建武之初，复来朝贡，时辽东太守祭肜，威詟北方，声行海表，于是濊、貊、倭、韩，万里朝献。

祭肜之史虽不详，然倭之来有因，可信也。奴国遣使来后，距五十年（即纪元一〇七年，永初元年）而面土国使来，其来因虽无史迹可寻，要无贸然而来之理，又下距一百三十二年（即纪元二三九年，魏景初三年）而女王国使来，其来之原因又为何？当一研究当时东北史事。《魏志·公孙度传》：

> 景初元年……渊遂自立为燕王，……二年春，遣太尉司马宣王征渊，六月，军至辽东，……八月……壬午，渊众溃……斩渊父子，城破，斩相国以下首级以千数，传渊首洛阳。辽东带方乐浪玄菟悉平。……度以中平六年据辽东，至渊三世，凡五十年而灭。

司马懿斩公孙渊之事，除《公孙度传》外，见于《高句丽传》，见于《明帝纪》，见于《毋丘俭传》，盖为魏之一大事也。同志《东夷传》：

> ……公孙渊仍父祖三世有辽东，天子为其绝域，委以海外之

事，遂隔断东夷，不得通于诸夏。景初中，大兴师旅，诛渊，又潜军浮海，收乐浪带方之郡，而后海表谧然，东夷屈服。

而《传》言："景初二年六月，倭女王遣大夫难升米等诣郡，求诣天子朝献。"景初二年之带方，犹在公孙渊势力范围之下，即使来郡，亦必无求诣天子之言，故知"二"字必为"三"字之误。盖二年八月司马懿斩渊，平四郡，其事盛传于韩倭，倭人走告女王，而女王因以遣使，使以其翌年六月到，与理想恰合也。

倭使来，何以先至带方？则前此倭必与带方已发生某种关系。今试一研究带方：《前汉书·地理志》有带方，然为县而非郡，属于乐浪。其后，据《韩传》：

> 桓灵之末，韩濊疆盛，郡县不能制，民多流入韩国，建安中公孙康分屯有县以南荒地为带方郡，遣公孙模、张敞等收集遗民，兴兵伐韩濊，旧民稍出，于是倭韩遂属带方。

观此段文字，不特带方之来源可明，而亦知是时带方与韩倭间已发生极密切之关系，盖于迁徙流移之间，必已附带许多交涉矣；最低限度两者间之互市有无，两者间之风俗习惯互知，两者间之方言互解，已有充分之可能性。

公孙康以建安九年为辽东太守（事见《公孙度传》），则其建带方必后于此或当年；建安共廿五年，其言建安中，则当为九年至十五年之间。至其位置，即今之朝鲜之黄海道而居当时马韩之北。自设此郡以来，韩与带方之间，一因邻近关系，二因汉人前此有曾入韩，必通韩语，故必有因商业或他种关系而往来于韩与带方间者，汉人自韩回，韩人必间有随来。而韩人与倭人本又早有交涉，《韩传》："弁辰（辰应作韩）……国出铁，韩濊倭皆从取之，诸市买皆用铁，如中国用钱。"而《传》："……至对马国……无良田，食海物自活，乘船南北市籴。"因韩人之来带方，倭人亦来，故倭人知有带方，而倭与带方间亦发生商业或其他关系，同时带方间必有能通倭语者；故倭使来，先诣带方，为交通上与言语上等种种之便宜也。

第六　郡使入倭

郡使入倭之经山路里数及其所见，详载于《传》首，然入倭者不止一人，亦不止一次，然则《传》首所载之行程，其出于何人之手，不易确知，又是否出于一人之手，亦不易判断。今先研究入倭之使。并录其通使全文如下：

景初三年六月，倭女王遣大夫难升米等诣郡，求诣天子朝献。太守刘夏遣吏将送诣京都。其年十二月，诏书报倭女王曰："制诏亲魏倭王卑弥呼——带方太守刘夏遣使送汝大夫难升米，次使都市牛利奉汝所献男生口四人，女生口六人，班布二匹二丈以到。汝所在踰远，乃遣使贡献，是汝之忠孝。我甚哀汝。今以汝为'亲魏倭王'，假金印紫绶，装封付带方太守假授。汝其绥抚种人，勉为孝顺，汝来使难升米、牛利涉远道路勤劳。今以难升米为率善中郎将，牛利为率善校尉，假银印青绶，引见劳赐遣还。今以绛地交龙锦五匹,绛地绉粟罽十张,蒨绛五十匹,绀青五十匹,答汝所献贡直。又特赐汝绀地句文锦三匹、细班华罽五张、白绢五十匹、金八两、五尺刀二口、铜镜百枚、真珠、铅丹各五十斤。皆装封付难升米、牛利,还到录受,悉可以示汝国中人,使知国家哀汝,故郑重赐汝好物也。"

正始元年,太守弓遵遣建中校尉梯儁等奉诏书印绶诣倭国,拜假倭王,并赍赐金帛锦罽刀镜采物。倭王因使上表答谢诏恩。

其四年倭王复遣大夫伊声耆、掖邪狗等八人上献生口倭锦绛青缣绵衣帛布丹木拊短弓矢。掖邪狗等壹拜率善中郎将印绶。

其六年诏赐倭难升米黄幢。付郡假授。

其八年太守王颀到官。倭女王卑弥呼与狗奴国男王卑弥弓呼素不和,遣倭载斯乌越等诣郡,说相攻击状。遣塞曹掾史张政等因赍诏书、黄幢,拜假难升米,为檄告喻之。卑弥呼以死,大作冢径百余步,徇葬者奴婢百余人,更立男王,国中不服,更相诛杀;当时杀千余人,复立卑弥呼宗女壹与年十三为王,国中遂定。政等以檄告喻壹与。壹与遣倭大夫率善中郎将掖邪狗等二十人,送政等还,因诣台献上男女生口三十人,贡白珠五千,孔青大句珠二枚,异文杂锦二十匹。

此全部为带方之官中记录,计倭使来者四次,郡使往者两次,郡使之名可知者为梯儁与张政。今假定《传》所采录者为两部分人之记录,一部分为梯儁等,一部分为张政等。梯儁等往时为正始元年,张政等往时为正始八年。张政至时卑弥呼已死。然则梯儁等曾否至耶马台?曾否见卑弥呼?张政等曾否至耶马台?曾否见壹与?

今先研究梯儁等。《传》中言卑弥呼者为梯儁等之记录。曰：

> 其国本亦以男子为王，住七八十年，倭国乱，相攻伐，历年，乃共立一女子为王，曰卑弥呼。事鬼道，能惑众，年已长大，无夫婿。有男弟佐治国，自为王以来，少有见者。以婢千人自侍，唯有男子一人给饮食，传辞出入。居处宫室楼观，械栅严设，常有人持兵守卫。

味其言，全属耳闻以言，实未尝见女王，亦未尝至耶马台。盖女王难见，如郡使能见之，必另有一番文字，虽《传》中有"倭王因使上表答谢诏恩"之句，然此不足为见倭王之证，其所谓因使上表者，请使代为上表也，其理由以倭本身尚未有文字，而初通中国，焉有能汉文者？又言有男弟佐治国，若梯儁等曾至耶马台，则上国之使，未见女王亦必当见其弟，而何以不知其名？又谓女王以千人自侍。日常居处，何用千人？又曰居处宫室楼观。以彼时之岛民，犹徒跣文身，未知缝纫，焉能居处宫室楼观？要之全属耳闻，故不能尽实，而宫室楼观等词，又复行文时信手书成，此皆足以证其未尝至耶马台也。

至于张政等如何？虽不能肯定其曾见壹与与曾至耶马台，然亦未有若何痕迹足以否定其未曾见未曾至。今试假定其一曾至，一不曾至可也。至此当研究《传》首之行程为梯儁等所记抑为政等所记。儁等先往，当又假定为儁等所记。《传》：

> 从郡至倭，循海岸水行，历韩国，乍南乍东，到其北岸狗邪韩国七千余里。

郡即带方，狗邪韩国者，弁韩十二国之一以狗邪国也。有反对此说者，请试一研究之，日本岛国，势不能孤立，迟早必求通于大陆，试展东亚地图，其与最接近者，一为桦太，一为朝鲜，然桦太远处东北，气候严寒，从其地南下者有之，北上则必无是理。舍桦太以外，则必朝鲜为唯一之出路。而当时之弁韩，并无强有力之君长，如《韩传》所云："其辰王常用马韩人作之，世世相继，辰王不得自立为王。"反观女王国则："收租赋，国国有市，交易有无；使大倭监之。……特置一大率，检察诸国，诸国畏惮之。……皆临津搜露传，送文书，赐遗之物，诣女王不得差错。"秩序整然，已为一种有组织、有势力之民族，弁韩较之远不如；且弁韩当时"土地肥美，宜种五谷及稻"，对于滨海之地，自不重视，于是倭女王乃乘势占据其南部一隅以为倭人与韩交通上之根据地，其可能性至大。谓狗邪国不属倭者，此殆过于重视"国"字耳。按狗邪即今之金海附近。当时弁辰二十四国中，大国四五千家，小国不过六七百家，狗邪既属不重视之滨海地，自必属于小国之列，是则倭女王之得据而有之，并不足奇。《韩传》："韩在带方之南，东西以海为界，南与倭接。""其渎卢国与倭接界"诸语，又其明证。次：

> 始度一海，千余里，至对马国。其大官曰"卑狗"，副曰"卑奴毋离"。所居绝岛，方可四百余里，土地山险多深林，道路如禽鹿径；有千余户，无良田，食海物自活，乘船南北市籴。

对马国即对马岛，海者，朝鲜海峡。次：

> 又南渡一海，千余里，名曰瀚海，至一支国。官亦曰"卑

狗",副曰"卑奴毋离";方可三百里,多竹木丛林,有三千许家,差有田地,耕田犹不足食,亦南北市籴。

瀚海即今之对马海峡,一支国即一岐岛。次:

又渡一海,千余里,至末卢国。有四千余户,滨山海居,草木茂盛。行不见前,人好捕鱼鳆,水无深浅,皆沉没取之。

海即壹峡海峡,末卢即今松浦。次:

东南陆行五百里,到伊都国,官曰"尔支",副曰"泄谟觚柄渠觚",有千余户。世有王,皆统属女王国。郡使往来常所驻。

伊都即后之怡土郡今加布里东部。自郡至此,其行程里数及位置,均确而不疑,即其所述途中所见,亦甚合于岛民情况。次:

东南至奴国百里。官曰"兕马觚",副曰"卑奴毋离";有二万余户。
东行至不弥国百里。官曰"多模",副曰"卑奴毋离";有千余家。
南至耶马台国,女王之所都,水行十日,陆行一月,官有"伊支马",次曰"弥马升",次曰"奴佳鞮",可七万余户。

伊都国以前行程里数,确而不疑,途中所见,亦甚合理,伊都以下,乃

渐模糊。奴国即中元贡献之奴国，今糟屋郡一带。其曰二万余户，至可疑，前述诸国，最多者不过四千余户，至此而忽增至二万余，总计前四国，犹不及其半。《后汉书·郡国志》河南尹廿一城，犹不过二十万八千余户，《晋书·地理志》河南郡十二县，不过十一万四千余户。一城，一县，平均不及万户，而以倭一奴国，竟倍之，且其所谓国者，不过一部落而已。奴国之二万余户，已不可信，投马之五万余，耶马台之七万余，更属奇闻。即谓耶马台为都，犹不至此也。今为一假计算：倭女王所统三十国，除奴国投马国耶马台国外，其余户数可知者，最多不过四千余，少者一千余，平均为三千，除去上述三国，计廿七国，每国三千，则其总数为七万一千。以一耶马台户数，而等廿七国户数，或且过之，无论其地较其他国如何大，人口如何密，亦断不至此也。又同时之弁辰韩合廿四国，犹不过四五万户耳（据《韩传》）。故梯儁等实未尝至耶马台。其所至大约伊都而止，至多不过不弥，不弥以下必未至。其二万、五万、七万等户数，完全得之于耳闻，或奴国之二万余《传》写有误。

又文中"水行二十日，水行十日，陆行一月"数语，其行程与奴国不弥国等毫无关系，不弥国即今之太宰府附近，按地理所谓南水行二十日之径不可寻，而"水行十日，陆行一月"更为渺茫。因此数语，遂惹起日本史学界数十年之争辩，余以为翰苑所引《魏略》本文，既无此数语（据太田亮氏《日本古代史新研究》所述），则此难题不难立解，今请进行吾说。

按谓《魏略》事止明帝，此必指帝纪而言，其于列传，则兼叙后此一二年间之事，并不为奇，盖其体不同，一属编年，一属记事，帝纪限于年月，列传则无此拘束，其事之不能适止于明帝者，便不能戛然断而不叙。倭使景初三年来，而郡正始元年往，适交两代前后，且其来也带方官中有记录，其往也带方官中亦有记录，故《魏略》因叙其来，于是并及其往，而并采录梯儁等之记录，然梯儁等止于伊都奴国间，故投马耶马台之里程不详而阙之。及后八年张政等继往而有"水行二十日"及"水行十日，陆行一月"等之记载，而其所谓水行廿日，水行十日，陆行一月者，并不指由奴国至投马，亦并不指由投马至耶马台。味其行程，颇似由郡至对马水行二十日，由对马至耶马台水行十日，陆行一月也（此语太田亮氏在《日本古代史新研究》九九页曾言之），《魏志》作者误"对马"为"投马"，因见梯儁等之记录，于投马耶马台不言里数，于是以"水行二十日"一语，补于投马之下；"水行十日，陆行一月"两语，补于耶马台之下；而铸成此大错。

余疑"郡使往来常所驻"一语，亦为张政等之言，而《魏志》作者择补于伊都之下。盖既谓"常"，则必非初次之言，然正始元年以前未尝有使往，必张政等闻人言以前郡使来常驻于此也。

至此则可决定《传》首之行程为梯儁等所记，而梯儁等使倭时驻于伊都，其行踪或曾至奴国及不弥，然决不曾至投马与耶马台，不曾见卑弥呼。

八年，张政等往而曾至耶马台，曾见壹与，而另有一种行程记录，《魏志》作者将其记录与梯儁等记录并合，据可知者为：

郡使往来常所驻。

水行二十日。

水行十日，陆行一月。

此外尚有一，即"自郡至女王国万二千余里"句，观此句与下文"男子无大小皆鲸面文身"句毫不相干，与上文"不属女王"句，亦不连属。而梯儁等未尝至耶马台，自不知至耶马台之里数。故当然为张政之记录也。

至于耶马台及投马国之所在问题，据其方向与一万二千余里之程途度之，则投马在筑后，耶马台在肥后北部之说为最可信。要之其必不出九州北半部，而断无畿内之理。今试于次章一述日人之议论。

第八 日人对于卑弥呼与耶马台之研究

关于耶马台国之所在，在日本已自古成为问题，《日本书纪》以耶马台国为大和国，其女王卑弥呼即神功皇后，后久未有反对此说者。及足利氏之末，僧周凤于《善邻国宝记》始对此比对发生疑问，然其成为史学界之大问题，犹属后来之事。其为肯定的反对者则以本居宣长氏为始，彼着驭戎慨言以讨论此问题，而以耶马台为熊袭，卑弥呼则其酋长。学者多从此说。鹤峰戊申氏著《袭国伪僭考》承认是说。管政友氏于《汉籍倭人考》则只承认耶马台为熊袭，而于女王则谓："魏所指之倭为筑紫九国之地，领有此者，自称倭王，其于大和之另有天皇，原不知也。"吉田东伍氏亦以耶马台国为袭国，于其《日韩古史》断言：

> 旧以卑弥呼为神功皇后，至今不绝，此实大误。其实卑弥呼为熊袭部，自开纪崇神朝以至神功应神，凡五六世，百五十余年，自称耶马台之真主大倭王。

其次亦有多数学者谓耶马台非畿内大和，亦非袭国。如近藤芳树于《征韩起源》谓在肥后国菊地郡山门乡。星野恒氏于《国号考》谓为筑后国山门郡，久米邦武氏亦然。故耶马台在九州之说，自德川时代至明治时代均甚盛，独三宅米吉氏等则仍以为大和。

综上以观，耶马台之所在问题有四说：

一、大和说

二、熊袭说

三、肥后山门说

四、筑后山门说

而以大和说为最弱。至明治四十三年，内藤氏于《艺文》上复兴大和说，而以卑弥呼为倭姬命，同时白鸟库吉氏于《东亚之光》则谓耶马台当于九州肥后求之。木村鹰太郎于新闻纸上批评两家之说而大惹社会对于此问题之注意。而结局犹未有定说也。大正初年，学者间对于此问题寂然。至十年九月，高桥健自氏于考古学界例会讲演，题曰：从考古学上论耶马台国之为畿内大和。十月，三宅米吉氏亦主大和说。其他山田孝雄之《狗奴国考》、笠井新也之《耶马台即大和》、中山太郎之《〈魏志·倭人传〉之土俗学的考察》等，均无不主大和之说，诸文均载《考古学杂志》第十二卷。独白鸟库吉氏于同志上仍力主九州。

以上均根据太田亮氏之《日本古代史新研究》。氏于本问题研究独长，其《日本古代史新研究》一书，论及此者甚多，而对于耶马台则主肥后北部之说，而卑弥呼则为大和朝廷之藩屏而僭称大倭王。

余以为日人对此问题经长期间与多数史学者一番研究，自应有相当定论，而惜殊不足以满吾人之意，此殆泥于其不可靠之国史故也。

第九　倭之风俗习惯

郡使于其他虽不详，然于风俗习惯方面，则特别留意，故记之特详，吾人观之，兴味亦至饶，亦可信其至可靠，盖此固一方面为亲见，而一方面虽为传闻，然当时代之风俗习惯传闻，断无大误，不与地理同也。研究第三世纪之倭人风土史，当以此为唯一之资料。今录如次：

人好捕鱼鳆，水无深浅，皆沉没取之。

倭水人好沉没捕鱼蛤，文身，亦以厌大鱼水禽，后稍以为饰。诸国文身各异，或左或右，或大或小，尊卑有差。

风俗不淫，男子皆露纻，以木县招头。其衣横幅，但结束相连，略无缝。妇人被发屈纻，作衣如单被，穿其中央，贯头衣之。

种禾稻纻麻，蚕桑缉绩，出细纻缣绵。其地无牛马虎豹羊鹊。兵用矛、楯、木弓。木弓短下长上，竹箭或铁镞或骨镞。所有无与儋耳、朱崖同。（《前汉书·地理志·粤传》："自合浦徐闻南入海，得大洲，东西南北方千里。"）……略以为儋耳、朱崖郡。民皆服布如单被，穿中央为贯头。男子耕农，种禾稻纻麻，女子桑蚕织绩。亡马与虎，民有五畜……兵则矛盾刀，木弓弩，竹矢或骨为镞。倭地温暖，冬夏食生菜。皆徒跣。有屋室。父母兄弟，卧息异处。以朱丹涂其身体，如中国用粉也。食饮用笾豆，手食。其死，有棺无椁，封土作冢。始死，停丧十余日，当时不食肉，丧主哭泣，他人就歌舞饮酒。已葬，举家诣水中澡浴，以如练沐。其行来渡海诣中国，恒使一人，不梳头，不去虮虱，衣服垢污，不食肉，不近妇人，如丧人，名之为"持衰"。若行者吉善，共顾其生口财物；若有疾病，遭暴害，便欲杀之，谓其持衰不谨。出真珠、青玉。其竹篠簳、桃支。有姜、橘、椒、蘘荷，不知以为滋味。有狖猿、黑雉。

其俗举事行来有所云为，辄灼骨而卜，以占吉凶。先吉所卜，其辞如令龟法，视火坼占兆。其会同坐起，父子男女无别。人性嗜酒。见大人所敬，但搏手以当跪拜。其人寿考或百年，或八九十年。

其俗，国大人皆四五妇，下户或二三妇。妇人不淫，不妒忌。不盗窃，少争讼。其犯法，轻者没其妻子，重者没其门户及亲族。尊卑各有差序，足相臣服。收租赋。有邸阁。

下户与大人相逢道路，逡巡入草。传辞说事，或蹲或跪，两手据地，为之恭敬。

第十　卑弥呼之政绩及其生平

统观全《传》，其所谓国，乃指部落而言，而当时卑弥呼所统者共三十部落，已为王，其余各国则悉临以长。卑弥呼之所以为众共拥者，以其事鬼道，能惑众，如犹太之所谓"祭司"，中国以前之所谓"巫"，罗马之所谓"教王"。在未开化以至半开化之民族，宗教势力高于一切，所谓事鬼道者，倭谓之神道也，换言之，卑弥呼能通神道，能代表神，故诸族敬畏之。又观其族"国大人皆四五妇，下户或二三妇"，而卑弥呼以女子而独能年长不嫁，即此一端，已足证其异，其在政治上又能使"尊卑有序。收租赋。国国有市……使大倭监之。特置'大率'，检察诸国。械栅严设，常有人持兵守卫"。故以卑弥呼之才能，而当时能王三十国，绝不足怪。

第十一　女王国以外诸国

《传》中言女王国以外，"其南有狗奴国。东度海千余里，复有国。又有侏儒国在其南。去女王国四千余里，又有裸国、黑齿国。复在其东南行一年，可至参问，倭地绝在海中洲岛之上，或绝或连，周旋可五千余里。"

以上诸国中，独狗奴国记之较详。至于所谓东渡海千余里，复有国，此或指畿内而言。至于侏儒国，则必闻诸倭人言有国，其人长三四尺，因名之曰侏儒；裸国、黑齿国，亦同一理由。盖以前诸国，均属译音，而此三国之名独具意义，似非郡使之定名，盖疑为《传》之作者另从他书拼凑而来（《山海经·海外东经》亦有黑齿国）。又"可至参问，倭地绝在海中洲岛之上，或绝或连，周旋可五千余里"。"参问""倭地"四字最可疑，谓指九州而言，则不止五千里（当时之里数），指日本三岛而言，更不止五千里。故"参问"当为地名。

以上诸国，除狗奴国可断其在九州南部以外，其余诸国，均在疑问之列。

第五十八[①]　女王国之存在年代

《传》言"其国本亦以男子为王，住七八十年，倭国乱，相攻伐，

[①] 按："五十八"应为"十二"。为保持文献原貌，未作改动。

历年，乃共立一女子为王"。今先认定女王国之范围为九州北半部以至朝鲜南部之金海附近一隅止。其言住七八十年，"住"似为"往"字之误。言往七八十年，则应为正始前后之七八十年前（倭女王以景初三年通使，正始七八年间死），今假定以正始元年上推七十年为后汉灵帝建宁三年，八十年为桓帝延熹三年，是桓灵间已有此倭国。其言七八十年，今假定为七十五年，当为延熹八年，由是年起倭国乱，历年，假定为十年以至二十年，当为中平二年，卑弥呼为王（卑弥呼之为王，最少当在廿岁，盖所以王之者，以其事鬼道，能惑众也，不有相当年龄，不能有此）。经六十二三年即正始七八年而卑弥呼死，其死当为八十三岁前后。卑弥呼死，更立男王，国复乱，更立宗女壹与（《梁书》作臺与）为王，此为正始八年事也。正始八年以后之倭人事迹，不复见于《魏志》，故本文所研究，亦止于止。其正始以后之事迹及桓灵以前之倭人史，当于下期研究之，其题目暂定为《后汉至刘宋间之倭史》。

第十三　耶马台与大和

　　女王国之在九州，有欲以"耶马台"三字以推翻之者。其言，耶马台音为 Yamato，日本音 Yamato 即大和。据日本史，大和为古畿内国名。何以同在日本列岛内，畿内与九州在同时代有同一名称之二大国存在？

　　有解释之者如太田亮氏谓当时倭女王实为大和国之藩屏而僭称大和以与我国通使。余以为此不过一种理想。今当从事实观察。

　　第一，《魏志·倭人传》中原作"耶马壹"而不作"耶马台"。

　　第二，即谓为耶马台也，而日本音"倭"字亦为 Yamato，而《古事记》上卷有地名大倭丰秋津岛，中卷有人名神倭伊波礼毗古命，所谓大倭丰秋津岛者，即畿内；神倭伊波礼毗古命者，即神武天皇。倭字之始见于日本典籍者此为最早。我国所以名日本为倭，其来源虽不可考，然音倭为 Yamato 者，始于《古事记》。我国之名日本为倭，其始倭人不知也，其知之当在汉字传入以后，"倭"字原不音 Yamato，其音之为 Yamato，日人之事也。然"倭"与"耶马台"两词在魏时本各自独立。耶马台为都名而倭为种族名，其义大异，而日人竟混而为一音。至大和亦音 Yamato，日本古传说谓为畿内国名，平安奠都以前，世世天皇之所都。然此古传说也，其书之于史，则唐景云年（西纪七一二年，日本和铜五年）其后于《魏志》之作，四百余年。然则保其名大和为耶马台者非根据于《魏志》耶？其名 Yamato 为国都，得非由《魏志》而来耶？故因《魏志》之耶马台在先，而畿内大和 Yamato 之史居后；不能以后者推翻前者，唯有可以根据前者以订正后者。基于此则所谓同时代有二大国并存之疑问，可自解矣。

原载《日本研究》第一卷第一号（即创刊号），1930 年 1 月

后汉刘宋间之倭史

一

倭，古日本民族也，然则言倭，当根据日本史，而何以题中国朝代？曰，日本古史籍，年代既多谬误，所传史事，又非尽实；其言古日本民族之史事，可征信并能正其年代者，唯中国史籍而已；故欲研究古日本民族之史实，必以中国史籍为蓝本，而旁参朝鲜史籍，然后取日本史籍而验证厘定之，可信者留，不可信者去，斯真相可明。若言日本古史事而以日本史籍为据，在日本人自身，是自欺欺人，在其他国人，是谓盲从；故此种研究，日本人固应为之，即我国人而欲知我国文化之东移与中日间古代关系，亦何独不然！

依中国年代而言倭，何以始于后汉？又何以截分于刘宋？曰，后汉以前之倭，中国史籍不详，故不得不始于后汉；刘宋以后之倭，日本史籍已较澄明而易厘正，故截分于刘宋也。

后汉以前之倭，中国史籍虽不详，然倭断不于后汉间而始有；日本古传说，则无论其国土与人民，均为伊那邪岐与伊邪那美男女二神所生，此在今日一见而知其谬；依地理学人类学推之，倭之原人，必由大陆迁徙来，近世研究东方人种迁徙者言日本古代两种民族，一自千岛桦太南下，一自南洋来东进，其说至可信。今日本北海道及桦太，犹有虾夷，为高加索白种，此殆由蒙古经满洲黑龙江而渡桦太，此种民族，必曾南下与从南洋来之南种为长时间之斗争，后败而被逼仍困居于桦太北海道间。其由南洋来东进之南种，经由路殆自中国沿海岸逐渐迁徙而至朝鲜南部，自朝鲜渡海来，或当时之朝鲜对马、壹岐、九州诸地相连续犹未海断也。观于中国史籍言粤、闽、越、韩、倭之俗多同，又现在南洋群岛人与日本人之状貌，及嗜好、语法之类似，均可为证。南种中虽未必尽为倭，然倭必为南种之一。

后汉以前之倭史不见于中国史籍，其始言倭者为《前汉书·地理志》，《志》虽言倭，然倭字命名之来源不录，故何以称之为倭，实无从确证之难题，有言："倭字从人从禾从女，此三者倭国皆蕃盛"，此纯属附会之词耳，盖我国早有此倭字，而并非当时所特创。《诗》曰："周道倭迟。"鲁宣公名倭，此其证也，故以理想推之，当为音译，与称匈奴、鲜卑等同例。

二

《前汉书·地理志》："乐浪海中有倭人，分为百岁国，以岁时来献见云"，此中国史籍中最早见之倭记载；今当先一研究《汉书》，《汉书》撰者，曰班彪、班固、班昭，然彪所成，据《后汉书·班彪传》："……彪乃继采前史遗事，傍贯异闻。作后传数十篇……"《固传》："……综其行事，傍贯五经，上下洽通，为春秋考纪表志传凡百篇。"《昭传》："兄固著《汉书》，其八表及天文志，未及竟而卒，和帝诏昭就东观藏书阁踵而成之。"然则志为固所撰而非彪非昭也明矣。固之撰是书始永平中，止建初中，历二十余年，其于撰书期间，曾被召诣校书部除兰台令史（永平五年），寻复迁为郎典校秘书，是则朝中藏籍，当尽览无遗。然则何以但曰以岁时来献见，而不指明某代某年，是则朝中藏籍中于后汉以前无此记载也无疑（中元二年，倭遣使奉献事班固当然曾见之，以其为后汉事，故不言）。且句末复有一"云"字，所谓云者，一种传闻之引文也，因属传闻，故不详其年代，同志吴地亦有"会稽海外有东鳀人，分为二十余国，以岁时来献见云"之句，同一例也。然所谓传闻之事，其时代必与作者甚近，或竟为当时，亦未可知，班固死于永元初，死时六十一岁，为光武和帝间人，故此种传闻，最早亦当为后汉初期，证以中元奉献之事亦在斯期，可信也。其曰乐浪海中，则似此种传闻，得之于乐浪人，至于"以岁时来献见"一语，甚属笼统，类此句语，我国史籍所常有，不必泥之，要知倭与乐浪有关系可知矣。乐浪之沿革，散见于前后书及《三国志》之本纪与列传中，而《后汉书·濊传》叙之最简明，今录如下：

元封三年，灭朝鲜，分置乐浪、临屯、玄菟、真番四郡。至昭帝始元五年，罢临屯真番以并乐浪、玄菟，玄菟复徙居句骊。自单单大领已东，沃沮濊貊悉属乐浪。后以境土广远，复分领东七县，置乐浪东部都尉……建武六年，省都尉官，遂弃领东地……

《汉书·地理志》乐浪统县二十五，户六万二千八百一十二，人口四十万六千七百四十八。《后汉书·地理志》灭为十八城，然犹有六万一千四百九十二户，二十五万七千五十口。为东北边陲之文化中枢，其全盛时期，势力及于朝鲜全部内各种族，因而间接又影响于倭，盖倭韩间仅隔衣带之水，疑其时两民族间已有接触，故倭从韩人而知有乐浪，经若干年间，倭与乐浪遂又生接触，故乐浪人知有倭，知倭分为百余国，即百余部落，其知之年代，虽无从确断，以理想言之，似属第一世纪前后，因几种民族之交互接触，必经相当年限，其年限在当时又不能过短也。

言倭分百余部落，则是时倭与倭间必散漫无多大联络，且为初期之民族情况，盖其民族苟已发达至相当程度，则必有杰出者施统并行为，使若干小部落集于其威力之下，此初民进化之一定规程也。故今可据此前后二理由以假定倭之分百余部落时期为西纪纪元前后二十年间之事。

三

西纪五十七年，即光武中元二年，倭奴国遣使奉献之事（参照附录年表）为最早之倭史实，以百余年前在日本筑前发见之汉委奴国王即为最充分之证据。其奉献之理由，必为乐浪文化影响之结果，可推想而得。今继续上文言之，西纪前后二十年间倭分百余部落，其中有部落曰奴，奴之长为群部落中之雄，经若干年间此奴长并属若干小部落而称王，其地居今九州东北部之筑前，近海。奴国王于韩或乐浪人而知有汉，遂于西纪五十七年遣使奉献。其所奉献者何？不可知矣，其往来之经由路为何？则必非直接海道，大约由对马渡海经韩至乐浪，再由乐浪人之领导循西南而来，其去也亦如是。余之为是说，虽其间不免臆断之嫌，然固不碍于大体，为使我辈讨究上便利计，不得不如是也。

自西纪五十七年经五十年间即安帝永初元年（西纪一〇七）而有倭国王帅升等之奉献史事（参照附录年表），据内藤湖南氏谓北宋版《通典》作倭面土国王帅升，日本古传之后汉书亦作倭面土国王帅升。原文中之"等"字，最应注意，盖言等，必不止一国王，其所献生口多至百六十人之众，亦断非当时一国王所能，亦一最好之旁证也。由此可以推想以前之百余部落至此时已由少数酋长所兼并而分若干较大部落。此面土国究在何地，又此时之奴国是否仍存在或已为面土国所吞并，均不能妄断，但可推想此面土国必不出九州，说详后。

由西纪一〇七年经一百三十二年即魏景初三年（西纪二三九）而有卑弥呼女国王朝献之史事（参照附录年表），再经四年即正始四年（西纪二四三）有卑弥呼第二次奉献之史事，再经四年即正始八年（西纪二四七）有卑弥呼宗女壹与女王国奉献史事。今先研究此女王国，女王国之所都为耶马台，虽不能确知为何地，然必不出九州北半部中之中南（关于女王国请参照拙著《〈魏志·倭人传〉研究》，载本刊第一号），此女王国之始建，据《魏志·倭人传》言："其国本亦以男子为王，往七八十年，倭国乱，相攻伐，历年，乃共立一女子为王。"由其言此时之为明帝正始元年上推七十五年，为后汉桓帝延熹八年，是其时已有倭国，故《后汉书·倭传》亦言桓灵间，倭国大乱。自延熹八年上推至安帝永初元年，即倭面土国奉献之年，为五十八年。在此五十八年间，九州北半部必有剧烈之战事发生，即此倭国之施行统一九州北半部计划而与同地之大部落发生大冲突，随而吞并之，当时此九州北半部有若干大部落，不可知。然西纪五十七年之奴国，必居其一，盖女王国所统属之三十国中，犹存奴国之名，且据魏带方郡使入倭所经行之路程，则其地亦适为九州之筑前也。此外复有一面土国。至于此种吞并行为，究经若干年数？其言延熹八年间大乱，则其国之立必前于此，余疑盖即前此之十数年，因其必经数十年间始能完全吞并九州北半部诸部落而成一更大部落，然其制驭力未强固，故不久诸部落复起反抗，而致有延熹八年间大乱相攻伐之事也。何以限于九州北半部，则当时此倭王并非不欲向南发展，然同时南部亦有一强大之部落，其力不亚于此倭王，故遂成对峙之势，观《魏志·倭人传》言："倭女王卑弥呼与狗奴国男王卑弥弓呼素不和"一语，其素不和即不久发生冲突之谓。所谓狗奴国，即将来之熊袭也，说详后。由此可以假定此倭国始于元嘉至元熹初，即西纪一五一至一五八年间。此倭国何名？《魏志》只言为女王国或倭国，"倭"为种族之总称，"女王"则以其是时王者适为女子，故言，原非一固有名称而魏人强以之为固有名称，于是本名遂失传。女王卑弥呼以一杰出精明之女子，数十年来，对于九州北半部为大经营，以其政治手腕建造一有组织之大部落，而渐具国家之模型，感岛中之产物缺乏，不足需，因谋与三韩及带方交通贸易；为便利于倭人与韩及带方交通贸易上之便利计，因更占据韩南部滨海之狗邪即今之金海附近以为根据地，又为扩张势力，屡欲南进，以阻以强敌狗奴而不果。又感于文化之幼稚也，以司马懿斩公孙渊平辽东及朝鲜北部一带而震于魏之威名，于是因带方而求朝献，并摄取上国之文化以为本族师。是时隶属于女王者三十国，曰狗邪韩国、对马国、一支国、末卢国、伊都国、奴国、不弥国、投马国、耶马台国、斯马国、已百支国、伊邪国、都支国、弥奴国、好古都国、不呼国、姐奴国、对苏国、苏奴国、呼邑国、华奴苏奴国、思国、为吾国、思奴国、耶马国、躬臣国、巴利国、支惟国、乌奴国、口奴国，诸国之位置可知者为狗邪韩国即今金海附近，对马国即对马岛，一支国即壹岐岛，末卢国在松浦，伊都国在加布里东部，奴国在糟屋郡一带，不弥国在太宰府附近，投马国在不弥之南，耶马台国又在投马之南，今何地，不可确知，以理想言之则投马国当在筑后，耶马台国在肥后北部。其余诸国不详，然要皆不出九州北半部范围之外。其户数《魏志》言之不尽确，间有大误如言耶马台国竟有七万余者，然平均大约每国三千，故全部当为七万余。

四

自西纪二四七年即魏正始八年，经十九年即晋泰始二年（西纪二六六），据《晋书·武帝纪》有倭人来献方物之文。所谓倭人者指何倭，所献何方物，均不可知。上距卑弥呼宗女台与上献事十九年，此十九年内台与之女王国究竟有无变动，若无变动则必仍为此女王国，盖其前此亦曾有遣大夫率善中郎将掖邪狗等奉使之事，然两者相距十九年之长期间，与前此卑弥呼之频近不类，则或当已发生变化，而奉献者为另一倭矣。

自西纪二四七年即魏正始八年以后，中国史籍中倭之史事渐暗，西纪二六六即晋泰始二年仅有上述之倭人献方物一文，自此以下一百四十七年间绝无记载，第一百四十八年即西纪四一三年晋义熙九年《安帝本纪》虽有高句丽倭国及西南夷铜头大帅并献方物之文，其渺茫一如晋泰始二年之所载，直至再距八年即宋武帝永初初年（西纪四二一）始复显。然则此一百七十四年间——魏正始八年至宋永初二年——之倭史如何？此不得不并朝鲜之史料及日本史籍研究之。欲借助于朝鲜史料及日本史籍，则又不得不先研究此两者之内容。

五

今先言日本史籍，日本史籍关于古史部分之记载所以误谬，有两大原因：

第一，编此史者之安万侣主见太深而识力太薄，遇事辄好妄断，致年代乖谬，事实颠倒，其根本之错误，尤在于误以《魏志》之卑弥呼神功皇后，因此一误而致宁以可靠之史年代随意增加以迁就其偏见，于是此一片模糊之年代，苦煞后人一番整理矣。年代既误，事实复颠倒，整理者便更难上加难。而事实又不止颠倒，且又妄意增做，执其史读之，当不禁失笑，今试举一例，据《日本书纪》，雄略天皇崩于二十三年，其遗诏有："不谓遘疾弥留，至于大渐，此乃人生常分，何足言及？但朝野衣冠，未得鲜丽，教化政刑，犹未尽善，兴言念此，唯以留恨。"而《隋书·高祖本纪》仁寿四年之遗诏亦有"不谓遘疾弥留，至于大渐。此乃人生常分，何足言及？但四海百姓，衣食不丰，教化政刑，犹未尽善，兴言念此，唯以留恨"之语，两文之不同，惟在"四海百姓，衣食不丰"与"朝野衣冠，未得鲜丽"而已。据《日本书纪》之年代则雄略天皇崩于西纪一一一七年，然隋高祖之崩为西纪一二六四年，后于雄略二百四十七年，①然则谓隋高祖之遗诏，为抄袭雄略者耶？不辩自明。谓其只年代之误也，则据现在史家所考证，雄略即刘宋顺帝遣使朝献之倭王武，其较确之年代亦先于隋高祖百年以外，然则此诏之为安万侣等抄袭隋书所编无疑矣。且妄改曰"朝野衣冠，未得鲜丽"，其与

---

① 按：此处雄略天皇与隋高祖（即隋文帝）卒年均有误。雄略天皇卒于四七九年，隋高祖卒于六〇四年，晚于雄略天皇二二五年。

"百姓衣食不丰"，相去何远？以一例众，概可知矣。

第二，日本之有文字太迟，其史籍之编纂亦太晚，最早立修撰之志者，亦不过天武（西纪六七三—六八六），距国史之完成不及五十年，故以前之史事，大都根据于传说，传说之性质，于事件前后之次序与事件真相，已难免颠倒混乱之虞，传承之间，又必多生变化，故愈古而愈不实。又《古事纪序》中天武之诏："朕闻诸家之所赍帝纪及本辞，既违正实，多加虚伪。"此言文字之记载也，安万侣所根据者如此，而其编纂时之态度又如此。

今以此一百七十四年间之倭史，不详中国史籍而不得已借助此迷离难辨之日本史籍，则惟有采其合理的与不背时代性者耳。

六

其次研究朝鲜之史料，其史籍中关于倭记载最丰者为《三国史记》中之《新罗本记》，此书成于高丽仁宗二十三年即西纪一一四五年而我国之南宋高宗十五年。其次为《三国遗事》，为高丽忠烈王时僧一然所撰，后于三国史记又一百四十余年。此《三国史记》经现在学者之定论其上代部分之记载难认为史料，而关于倭之记事更无史料之价值。其最大理由则成书年代太晚，而其内容所述（指上代部分）悉采自中国之史籍，中国史籍所无者，又皆虚构叠成。《三国史记》如是；而后此一百四十余年之《三国遗事》，更毫无根据。然两书虽如此，而光绪初年所发见之《高句丽好大王碑》，其中有关于倭之一部分史事，为极有价值之史料，今先略一述此碑。

此碑在奉天辑安县通沟东冈村，于光绪初年发见（一说元年，一说六年，一说八年），高二十二英尺，四面镌文，总四十四行，每行四十一字，每字大小约四英寸。碑之拓本流传颇广。碑中有"甲寅年九月二十九日乙酉迁就山陵"一语，此甲寅年之为义熙十年，已为学者间一致之定说，其唯一理由，则据刘羲叟长历，晋义熙十九年九月为丁巳朔，二十九日为乙酉，与碑恰合故也。碑中关于倭之记载如下：

……□至十七世孙国冈上广开土境平安好太王，二九登祚，号为永乐太王。恩泽□于皇天，威武□披四海，扫除□□；庶宁其业，国富民殷，五谷丰熟。昊天不吊，卅有九晏驾弃国。以甲寅年九月廿九日乙酉，迁就山陵，于是立碑铭，记勋绩，以永后世焉。其□曰：……百残新罗，旧是属民。由来朝贡，而倭以辛卯年来渡海，破百残□□□罗以为臣民。以六年丙申，王躬率水军讨利残国，军□□首攻取壹八城、白模卢城，……仇天城□□□□其国城，贼不服气，敢出百战；王威赫怒，渡阿利水遣刺迫城，横□□□□便国城；百残王困逼，献出男女生口一千人，细布千匹，归王，自誓从今以后，永为奴客。太王恩赦□迷之御，录其后顺之诚，于是□五十八城，村七百。将残王弟并大臣十人，旋师还都。八年戊戌，教遣偏师观帛慎土谷，因便抄得莫新罗城，加太罗谷男女三百余人，自此以来，朝贡论事。九年己亥，百残违誓，与倭和通。王巡下平穰，而新罗遣使白王云：倭人满其国境，溃破城池，以奴客为民，归王请命。太王恩后称其忠，□□□使还告，以□□十年庚子，教遣步骑五万，往救新罗。从男居城至新罗城，倭满其中，官军方至，倭贼退□□□□□□□来背息，追至任那加罗，从拔城，城即归服。安罗人□兵拔新罗城、□城。倭满倭溃城六□□□□□□□□□□□□□□□□九尽臣有□安罗人□兵□□□罗人□兵。昔新罗□锦未有□来朝□□□□□开土境好太□□□□□□□仆勾□□□□朝贡。十四年甲辰，而倭不轨，侵入带方界。□□□□□石城□连船□□□□□□□平穰□□□□相遇，王懂要截荡刺，倭寇溃败，斩殺无数。十七年丁未，教遣步骑五万，□□□□□□□□□□合战。斩杀汤尽。所获铠甲一万余领，军资器械不可胜数，还破沙沟城、娄城、□□□□□□□□□城。

（按，此碑残缺字数甚多，各本中异者因以众，今据有正书局石印本，其疑者悉缺之）

七

朝鲜史籍不可据，可据者唯此碑，然倭之记载始于辛卯年，此辛卯年根据甲寅年为义熙十年之定说则当为晋太元十六年，即西纪三九一年，其距西纪三四七年之魏正始八年，犹一百四十四年，然则此一百四十四年之倭史，将终不可知耶？不然，犹有可推寻之径也。《宋书·倭国传》中顺帝昇明二年倭王武所上表有曰："自昔祖祢，躬擐甲胄，跋涉山川，不遑宁处，东征毛人五十五国，西服众夷六十六国，渡平海北九十五国"此最好之正始八年后百余年间之倭史缩影也。

距正始八年后十九年之晋泰始二年,《武帝纪》有倭人来献方物之文,此倭人上言疑为另一倭而非台与之女王国,所谓另一倭,或即女王国南之男王国,亦即后来之熊袭,何以言之?日本史籍中神武天皇及日本武尊有东征之事,景行天皇,日本武尊及仲哀天皇有西征之事(引日本史籍,只可言事不可言年,盖事或可不谬,年则必谬);今且暂置东征而言西征,两天皇及武尊之西征,征熊袭也,何以只言征熊袭而不言他?必当时九州之强敌,唯熊袭也,则女王国前此已为熊袭所败而臣服矣。女王国之盛,盛于卑弥呼时代耳,一至台与,年仅十余之少女,其能继卑弥呼之业乎?其不敌熊袭必也。表曰西服众夷六十六国,则熊袭虽为九州诸部族中之最强,然犹未能统一全九州,故称众夷。

至此吾辈当合当时全部之形势言之,表有东西征,日本史籍中亦有东西征,从两事吻合而推之,则当时或稍以前必有一强部族崛起于日本之中部,而为此东西征之事,复据日本之古传说,立国于畿内,亦可认为事实,所谓东征毛人,虾夷族也,虾夷既败而被北逐,因更西向而与熊袭争雄,此适熊袭新败女王国而称霸于九州之时,殆亦晋泰始二年以后之事。两者间之战事,经若干年限,虽不可知,然经景行而武尊,而仲哀,至少数十年也(据日本史籍则景行至仲哀凡百余年)。

至此当进而研究畿内部族之原始。此部族究始于何时,似甚属渺茫,然亦未尝不可约知。今试为一假计算。日本史籍中之史事与中国史籍符者,最先为推古天皇十五年小野妹子遣隋事,《隋书·倭国传》亦载。今即以此认定日本史籍从推古以来之年代无误。从推古至大正共九十代,推古元年(西纪五九三)至大正末年(即十五年,西纪一九二六)共一千三百三十三年,总平均差十七年即每代十五年,故可假定每代平均为十五年。日本之史籍，天皇始于神武，从推古以前即崇峻天皇上推至神武，共计三十二代，每代平均十五年，则其总数为四百八十年。再从推古元年即西纪五九三年上推四百八十年，则为西纪一一三年，而我国之后汉安帝永初七年。言畿内部族始兴于第二世纪初年，未悖于理也。

畿内部族始兴于第二世纪初年，东与虾夷经长期之冲突，至于景行之前，乃始获胜，此即东征毛人五十五国之史事，亦即神武至垂仁（景行之前为垂仁）一百六十余年（据平均十五年之计算）间之史事也。东方既定，因转而西与熊袭又经长期间之战事，至仲哀而定，自景行至仲哀，约四十五年（平均十五年之计算）；于是日本诸岛悉隶于此畿内部族势力范围之下。然则景行仲哀间之四十五年，究当我国之何年？神武垂仁间共一百六十五年，其第一百六十五年当为西纪二七八年，则景行当始于西纪二七九年，西纪二七九年为晋咸宁五年，其距泰始二年之朝贡也十三年，曰泰始二年之朝贡者为熊袭可通。今假定二七九年为景行元年，自景行至仲哀四十五年间西征，当为二七九年至三二四年间之事，或稍后之。要可认为咸宁五年（西纪二七九）以后数十年间之事。

至此又当一研究畿内之传说。古事记言神武天皇名神倭伊波礼毗古，"倭"音 Yamato；言畿内为大倭丰秋津岛，又曰大和，"大和"亦音 Yamato。而日人于 Yamato 遂相沿引为荣称，若 Yamato damashihi（大和魂）其显例也。Yamato 之音与《魏志·倭人传》所载女王国所都之"耶马台"三字之音适合，因此三字，遂成日本史学界之大疑问。余以为日人若仍固执认此传说为史实，则不特耶马台之疑问莫解，抑日本之古代史，亦无从定正。夫"倭"本为后汉初期中国人对日本古民族所定之名称，虽此名称之来源不可确知，但大抵为音译无疑；定此倭字之名称，距日本之有文字早数百年。而所谓耶马台。为魏时倭中女王国之都名，倭与耶马台，其音迥异，其意亦悬殊，其强牵合之者，显为后来之事，且大和之"和"，其为因与倭字谐音而名，又显而易明。然则何以名畿内为 Yamato？音倭为 Yamato？此亦不难索解，古事记与日本书纪之作者既误认神功皇后为九州女王卑弥呼，卑弥呼之所都为 Yamato，则神功皇后之所都当然亦为 Yamato，因神功皇后之所都即古代诸皇之所都（日本古代诸皇均都于畿内），是诸皇之所都必为 Yamato，根于此则日本立国之地为 Yamato，而立国之祖因亦名之为 Yamato，至此而 Yamato 已扩大而带神圣意味矣，换言之，Yamato 遂为日本民族之灵。日本民族之灵既为 Yamato，而汉字中有"倭"为日本民族之称，是则倭即 Yamato 也。因根本之立脚点谬误，遂致联带之推想无一不误。而后世千余年来沿此谬误以为史实，至今未改。迩来史学界对于耶马台之争辩，仍始终未脱离此种谬误，故谓耶马台为畿内，谓女王国为耶马台之屏藩，而僭称耶马台，刻舟求剑，奚能有获？

畿内之传说既明，当继续前说。西纪二七九即晋咸宁五年以后畿内部族经数十年间乃能西定熊袭，自是而统一日本全岛，而具国家之模型；以前之奴国、面土国、女王国，当然悉隶属下。经若干年间之休养，因更向外展，其后遂有辛卯渡海破百残新罗之举；所谓百残者即中国史籍中之百济，今又当先一研究百济与新罗之史事。

八

高丽金富轼之《三国史记》虽有新罗与百济本纪，僧一然之《三国遗事》虽有新罗百济之遗闻，然两书之内容与价值，既如前述，故当舍之，否则反碍进行。

百济本为《魏志》马韩五十余国中之一之伯济国，而新罗本为辰韩十二国中之一之斯卢国，此已为一致之定论。然则伯济之崛起而统一朝鲜南半岛西部，斯卢之崛起而统一东部，其必须经相当期间也无疑。至其统一之经过情形如何？所费时间若干？当时朝鲜南半岛情形如何？试分述之。

关于百济方面，百济之建国，《三国史记》谓在汉成帝鸿嘉三年，即西纪前十八年，当然不可信。据《魏志·马传》五十余国，大者万余家，小者数千家，总十余万户。伯济即使为大国，万余家，亦不过马韩全部十分之一而已，谓其建国远在前此之二百余年，焉能置信？且此问题不在本文范围，不赘论，至于其由马韩之一部而渐扩大之经过，中国史籍中不详，然《梁书·百济传》：

> 其先东夷有三韩国：一曰马韩，二曰辰韩，三曰辩韩。辩韩、辰韩各十二国，马韩有五十四国。大国万余家，小国数千家，总十余万户，百济即其一也。后渐强大，兼诸小国。其国本与句丽在辽东之东，晋世句丽既略有辽东，百济亦具有辽西晋平二郡地矣。

则颇为一合理的解说。据中国史籍中马韩之最后贡献记录，颇有一小疑问，盖《晋书·马韩传》：

> 武帝太康元年二年，其主频遣使入贡方物。七年八年十年又频至。太熙元年，诣东夷校尉何龛上献。咸宁三年复来，明年又

请内附。

由太康元年至太熙元年其次序顺，而太熙之后，忽又曰咸宁三年，咸宁固居太康之前，是逆也。然则"咸宁"二字，其一有误耶？抑撰者草率致乱次序耶？不可知。今只得暂以太熙元年即西纪二九〇年为准。至百济之最先遣使则为晋咸安二年即西纪三七二年，《晋书·简文帝纪》："咸安二年春正月辛丑百济林邑王各遣使贡方物，六月遣使拜百济王余句为镇东将军领乐浪太守。"然则伯济之崛兴而至统一南半岛西部必在西纪二九〇年与三七二年之八十二年间。此八十二年间，半岛西部处于混乱时期，故遣使中国之事缺，而中国对于其时伯济之史事亦无从知。

关于新罗方面，其前身在魏时为辰韩十二国之一之斯卢国，辰韩诸国大者不过四五千家，小者更只六七百家，故新罗之史更不详于中国上代史籍。《梁书》虽有《新罗传》，而简略有误，《传》言：

> 辰韩始有六国，稍分为十二，新罗则其一也。其国在百济东南五千余里，其地东滨大海，南北与句骊百济接。魏时曰新卢，宋时曰新罗，或曰斯罗，其国小不能自通使聘。普通二年，王募名秦始使随百济奉献方物……无文字，刻木为信。语言待百济而后通焉。

其曰南北与句骊、百济接，"南"字当为"西"字之误，又魏时曰斯卢而不曰新卢，其显知也。《三国史记》中之新罗记事，夸大虚构不足取。据《晋书·辰韩传》，其最后之朝贡为太康七年即西纪二八六年，则其崛兴期，当与百济相近，否则百济能统一西部，又何难兼并朝鲜半岛全部，盖以斯罗同时亦崛兴，其势均等不相上下，故东西分半也。

朝鲜半岛当时除百济、新罗分据东西外，而南部复有所谓任那加罗者在焉。任那加罗，《宋书·倭国传》分为二（参照附录年表），《南齐书·东夷传》有加罗国而无任那，日本史籍通称任那，《好太王碑》则有"追至任那加罗"之语，然则任那加罗，是一是二？大约以加罗为任那之首区之说为可信。余疑加罗者即《魏志》韩传中卞韩十二国之一之狗邪，狗邪在魏时已属于卑弥呼女王国，为韩倭交通之倭人根据地，拙著《魏志·倭人传》已言之；当百济统一西部，新罗统一南部时，倭人亦乘势扩充狗邪为任那，任那地域之大小，虽不可确知，然大概当为卞韩旧地，今朝鲜半岛之中南隅。余之为此言，盖以狗邪即今金海附近，与加耶音近，而加耶之为加罗又已成定论，滨海之地韩人弃而倭取，取而逐渐扩大之；《晋书·四夷传》有马韩、辰韩而缺卞韩，其一证也。《好大王碑》，高勾丽人知有任那加罗[①]，而只曰百残新罗，旧是属民，是任那加罗之本属倭，又一证也。

九

加罗之扩大而为任那，其事之年代，当又与百济、新罗已崛兴年代相先后，盖非此不能成鼎足之势也。前言百济之崛兴为西纪二九〇年与三七二年之八十二年间事，是新罗与任那亦必为此八十二年间之事。而畿内部族之征服熊袭为西纪二七九至三二四年间或稍后之事；今假定为

---

① 按：此处"高勾丽"应为"高句丽"。

三二四年则其扩大加罗之举，至少亦当为三二四年以后之事，由此则前言之二九〇至三七二年之八十二年当缩为三二四至三七二年之四十八年间事，为明了计更复言之，即畿内部族东胜虾夷以后自西纪二七九年起经四十五年至西纪三二四年而西服熊袭；熊袭定后，又于三二四年至三七二年之四十八年间扩大加罗而为任那，而百济、新罗二国亦同时并兴焉。

《好太王碑》言："百残新罗，旧是属民。由来朝贡；而倭以辛卯年来渡海，破百残□□□罗以为臣民。"是则辛卯年即西纪三九一年以前，百残新罗虽未必真为高句丽之属民，然其时势已弱而受制于高句丽也必矣；自崛兴而至于势弱受制于人，是又必经相当时期，故彼等之弱，似为西纪三九一年以前十数年间之事；西纪三七二即晋咸安二年之遣使，似为渐弱之征，故求依大国也。

碑中"破百残□□□罗"，"罗"字之上，当为"新"字；然依地理言，则倭当先破新罗而后及百济，盖任那居新罗之南，新罗破而后能入百济也。自辛卯至丙申五六年间百济新罗服属于倭，换言之，当时倭人之势力伸于朝鲜半岛全南部。至丙申（即西纪三九六）据碑言"王躬率水军讨利残国"，所谓利残，似为新罗百残之省称，盖利罗双声也。其所攻取者五十余城，虽不能显分孰属新罗，孰属百济，然大抵当以百济居多，盖碑言"百残王困逼"，"将残王弟并大臣十人旋师还都"，何以只言百济而不及新罗？可知是年之役，所胜者百济，而新罗仍居人势倭力之下。至十年庚子（西纪四〇〇）复遣兵讨新罗，与倭大战，逼倭退至任那加罗；至此新罗乃服属。然九年（西纪三九九）百济违誓与倭和通之结果如何，碑不明言，似又无奈倭何矣。十四年甲辰（西纪四〇四）碑又言倭侵入带方界，带方为带方郡故地，当时似为高句丽与百济之国界，然则是时百济显然又尽为倭所据。至十七年丁未（西纪四〇七）而后退。惜碑缺字太多，致无从窥全豹，然要之自西纪三九一年至四〇七年之十六年间倭与高句丽争朝鲜南半部，而互为胜负，此十六年间无论高句丽、百济、新罗、倭，俱与中国无交涉，故此期内彼等之史事绝不见于中国史籍中，而幸赖是碑以稍存。殆义熙九年（西纪四一三）《晋书·安帝纪》中乃有高句丽、倭夷及西南夷铜头大帅并献方物之文，盖久战均疲而暂维和局之时也。

《宋书·百济国传》："义熙十二年以百济王余映为使持节都督百济诸军事镇东将军百济王。高祖践阼，进号镇东大将军。"又同书《武帝纪》："永初元年七月甲辰征东将军高句丽王高琏进号征东大将军，镇东将军百济王扶余映进号镇东大将军。"是当时（西纪四一六）始百济又复兴而稍脱离倭与高句丽之压逼矣，观永初封号同曰大将军，是其势平行也。

十

倭人于西纪三九一至四〇七年之十六年间与高句丽争雄于朝鲜南半岛，曾数度据有百济，至四一三年与高句丽共维和局，四一六年而百济复兴，而倭于百济之势力失。宋永初二年（西纪四二一）而有倭王赞贡献于中国之事。赞之后有珍，珍之后有济，济之后有兴，兴之后有武。此为刘宋一代即西纪四二〇至四七八年间之事（参照附录年表）。倭王赞之为仁德天皇，已成日本史家之说定。据日本史则仁德之后为履仲，为反正，为允恭，为安康，为雄略；而倭王珍为履仲，济为允恭，武为雄略，又为史家所公认，然则中日史籍对照，则中国史籍中实漏去履仲，而世子兴必为安康无疑。《梁书·倭传》：

  晋安帝时，有倭王赞，赞死，立弟弥，弥死，立子济，济死，立子兴，兴死，立弟武。

盖亦循《宋书》之误而漏去也。诸天皇之顺序既确定，则日本史籍年代之谬误，自易验知；据其旧史则仁德（即倭王赞）元年为西纪三一三年而我国之东晋建兴元年。而《宋书》则赞贡献之年为永初二年即西纪四二一年，两者相去一百零八年，其误显见；又如珍之贡献明载者为元嘉十五年（西纪四三八），济之贡献明载者始元嘉二十年（西纪四四三），兴之封安东将军为大明六年（西纪四六二），自四三八至四六二共二十四年，则济（即允恭）在位之年无论如何不能超出二十二年，然日本史则允恭之在位年数为四十二年，是又显误也。

  《宋书·倭国传》中："赞死，弟珍立，遣使贡献，自称使持节都督倭百济新罗任那秦韩慕韩六国诸军事、安东大将军、倭国王。"日本之自称为倭见于明文者以此为始。其曰都督倭百济新罗任那秦韩慕韩六国诸军事，所谓秦韩、慕韩，不知何指，然秦韩音似辰韩，慕韩音似马韩，则或百济、新罗兴后，马韩、辰韩之名犹存，而缩为小国。又既曰都督六国，则百济似又隶于倭；然据《宋书·百济国传》：

  义熙十二年，以百济王余映为使持节都督百济诸军事、镇东将军、百济王。……少帝景平二年映遣长史张威诣阙贡献。元嘉二年，太祖诏之曰……使持节都督百济诸军事、镇东大将军、百济王。……七年百济王余毗复修贡职。以映爵号授之。二十七年毗上书献方物。……毗死，子庆代立。世祖大明元年，遣使求除授，诏许。二年庆遣使上表……太宗泰始七年，又遣使贡献。

则百济者亦自有相当主权。然以大势言之，则倭当时对于朝鲜南半岛确有多大统辖权，而与高句丽有所不甘，故积久相互仇视，观于昇明二年倭王武之表文可知也。

至是而后汉刘宋四百余年间之日本古代史粗定，而本文亦止此。

附录：后汉刘宋间中国史籍中倭记事年表

后汉

（西纪五七）中元二年春正月辛未，东夷倭奴国王遣使奉献。（《后汉书·光武帝纪》）

建武中元二年，倭奴国奉贡朝贺。使人自称大夫，倭国之极南界也。光武赐以印绶。（《后汉书·倭传》）

（西纪一〇七）永初元年冬十月，倭国遣使奉献。（《后汉书·安帝纪》）

安帝永和元年，倭国王帅升等献生口百六十人，愿请见。（《后汉书·倭传》）

魏

（西纪二三九）景初三年六月，倭女王遣大夫难升米等诣郡，求诣天子朝献。太守刘夏遣吏将送诣京都。其年十二月，诏书报倭女王曰：

"制诏亲魏倭王卑弥呼！带方太守刘夏遣使送汝大夫难升米，次使都市牛利，奉汝所献男生口四人，女生口六人，班布二匹二丈以到。汝所在踰远，乃遣使贡献，是汝之忠孝。我甚哀汝。今以汝为亲魏倭王，假金印紫绶，装封付带方太守假授。汝其绥抚种人，勉为孝顺！汝来使难升米、牛利涉远道路勤劳。今以难升米为率善中郎将，牛利为率善校尉，假银印青绶，引见劳赐遣还。今以绛地交龙锦五匹，绛地绉粟罽十张，蒨绛五十匹，绀青五十匹，答汝所献贡直。又特赐汝绀地句文锦三匹，细班华罽五张，白绢五十匹，金八两，五尺刀二口，铜镜百枚，真珠、铅丹各五十斤。皆装封付难升米、牛利，还到录绶，悉可以示汝国中人，使知国家哀汝，故郑重赐汝好物也。"（《魏志·倭人传》）

（西纪二四〇）魏正始元年春正月，东倭重译纳贡。（《晋书·宣帝纪》）

正始元年，太守弓遵遣建中校尉梯儁等奉诏书印绶诣倭国，拜假倭王，并赍诏赐金帛锦罽刀镜采物。倭王因使上表答谢诏恩。（《魏志·倭人传》）

（西纪二四三）正始四年冬十二月，倭国女王卑弥呼遣使奉献。（《魏志·三少帝纪·齐王芳》）

正始四年，倭王复遣使大夫伊声耆、掖邪、狗等八人，上献生口、倭锦、绛青缣、绵衣、帛布、丹、附短弓矢。掖邪狗等一拜率善中郎将印绶。（《魏志·倭人传》）

（西纪二四五）正始六年，诏赐倭难升米黄幢付郡假授。（《魏志·倭人传》）

（西纪二四七）太守王顾到官。倭女王卑弥呼与狗奴国男王卑弥弓呼素不和，遣倭载斯乌越等诣郡，说相攻击状。遣塞曹掾史张政等因赍诏书、黄幢，拜假难升米，为檄告喻之。卑弥呼以死，大作冢，径百余步，徇葬者奴婢百余人，更立男王，国中不服，更相诛杀，当时杀千余人，复立卑弥呼宗女壹与年十三为王，国中遂定。政等以檄告喻壹与。壹与遣倭大夫率善中郎将掖邪狗等二十人，送政等还，因诣台献上男女生口三十人，贡白珠五千，孔青大句珠二枚，异文杂锦二十匹。(《魏志·倭人传》)

晋

(西纪二六六)泰始二年十一月己卯，倭人来献方物。(《晋书·武帝纪》)

(西纪四一三)义熙九年十二月，是岁高句丽倭夷及西南夷铜头大师并献方物。(《晋书·安帝纪》)

宋

(西纪四二一)高祖永初二年，诏曰："倭赞万里修贡，远诚宜甄，可赐除授。"(《宋书·倭国传》)

(西纪四二五)太祖元嘉二年，赞又遣司马曹达奉表献方物。(《宋书·倭国传》)

赞死弟珍立，遣使贡献，自称使持节都督倭百济新罗任那秦韩慕韩六国诸军事、安东大将军、倭国王。表求除正。诏除安东将军、倭国王。珍又求除正倭隋等十三人平西征虏冠军辅国将军号。诏并听。(《宋书·倭国传》)

(西纪四三〇)元嘉七年春正月，是月倭国王遣使献方物。(《宋书·文帝纪》)

(西纪四三八)元嘉十五年夏四月己巳，以倭国王珍为安东将军。是岁，武都王、河南国、高丽国、倭国、扶南国、林邑国并遣使献方

物。(《宋书·文帝纪》)

(西纪四四三)元嘉二十年,是岁,河西国、高丽国、百济国、倭国并遣使献方物。(《宋书·文帝纪》)

元嘉二十年,倭国王济遣使奉献,复以为安东将军、倭国王。(《宋书·倭国传》)

(西纪四五一)二十八年,加使持节、都督倭新罗任那加罗秦韩慕韩六国诸军事,安东将军如故,拜除所上二十三人军、郡。(《宋书·倭国传》)

元嘉二十八年秋七月甲辰,安东将军倭王倭济进号安东大将军。(《宋书·文帝纪》)

(西纪四六〇)大明四年十二月丁未,倭国遣使献方物。(《宋书·孝武帝纪》)

(西纪四六二)大明六年三月壬寅,以倭国王世子兴为安东将军。(《宋书·孝武帝纪》)

济死,世子兴遣使贡献,世祖大明六年,诏曰:"倭王世子兴,弈世载忠,作籓外海,禀化宁境,恭修贡职。新嗣边业,宜授爵号可安东将军、倭国王。"(《宋书·倭国传》)

兴死,弟武立,自称使持节、都督倭百济新罗任那加罗秦韩慕韩七国诸军事安东大将军倭国王。(《宋书·倭国传》)

(西纪四七七)昇明元年冬十一月巳酉,倭国遣使献方物。(《宋书·顺帝纪》)

(西纪四七八)顺帝昇明二年,遣使上表曰:"封国偏远,作籓于外。自昔祖祢,躬擐甲胄,跋涉山川,不遑宁处。东征毛人五十五国,西服众夷六十六国,渡平海北九十五国,王道融泰,廓土遐畿,累叶朝宗，不愆于岁。臣虽下愚，忝胤先绪，驱率所统，归崇天极，道遥百济，装治船舫，而句骊无道，图欲见吞，掠抄边隶，虔刘不已，每致稽滞，以失良风。虽曰进路，或通或不。臣亡考济，实忿寇仇，壅塞天路，控弦百万，义声感激，方欲大举，奄丧父兄，使垂成之功，不获一篑。居在谅暗，不动兵甲，是以偃息未捷；至今欲练甲治兵，申父兄之志，义士虎贲，文武效功，白刃交前，亦所不顾。若以帝德覆载，摧此疆敌，克靖方难，无替前功。窃自假开府仪同三司，其余咸假授，以劝忠节。"诏除武使持节、都督倭新罗任那加罗秦韩慕韩六国诸军事，安东大将军、倭王。(《宋书·倭国传》)

昇明二年五月戊午，倭国王武遣使献方物，以武为安东大将军。(《宋书·顺帝纪》)

编者议：前期《魏志倭人传研究》第二节，廿四史有倭或日本传者十四，"《梁书》曰倭"之下应为"《隋书》《南史》曰倭国，《北史》曰倭国，《旧唐书》……"传写者漏去南北史，故十四改为十二。又第十二节亦误为五十八。合更正。

原载《日本研究》第一卷第二号，1930年2月

日本民族与中国文化

（二月六号在东亚同文书院演讲）

我们都知道美国现在的民族是外来的混合民族，固有的红种人已经渐渐淘汰净尽。然而古代的日本民族，也仿佛是一样。据日本的古传说，无论土地和人民，都是伊邪那岐与伊邪那美男女二神所生，这种说法在现在当然不能成立，其实日本岛原本没有人类，最先渡来的还是虾夷族，后来另有一种民族，从南洋沿着中国海岸经过朝鲜渡朝鲜海岐到九州①，由九州东进，和虾夷族经过长期间的斗争，后来虾夷族卒被逼退回北海道、桦太冰寒的地方，于是日本岛遂为这种民族所占据。这种民族就是现在日本民族的本干，当他们从南洋来的时候，已经混有南洋系的种族，经过中国沿海和朝鲜，也混着中国系和朝鲜系的种族。自此之后，中国系和朝鲜系的民族还不断地渡过去，这看日本的姓氏家系和近来史学家古物研究像铜铎等的结论，都很可以证明，总之日本民族，最早就不是单纯而是混血的民族，同时也就是几种文化交错的民族；有似现在的美国，不过在比较上没有这般复杂而已。

---

① 按：此处"朝鲜海岐"应为"朝鲜海峡"。

据旧时的日本史籍，日本之有历史，已经很早很早，但其实不过仅仅两千年，那就是西历纪元前后。日本自从有史以来，直到现在，差不多没有一个时代不和中国文化发生关系，然则中国文化之影响于日本民族究竟怎样？像从前贵国太宰春台所说："日本原来没有所谓道，中华圣人之道，行于我国，天下万事，皆学中华。"他所说虽是儒者口气，未免过甚其词，但可信那影响确是很深，现在试从历史上加以观察！因为时期太短的关系，只好概括地划作四个时期来说。

在中国历史上，最初知道有日本民族的是中国东北部的乐浪人，那是第一世纪前后几十年间的事，是日本民族的开始有史时代。乐浪是纪元前一〇八年（汉元封三年）建设的一个大郡，因为武帝灭了朝鲜，就在那地设置官吏来控制朝鲜半岛及其北部的民族，几十年间做成所谓乐浪文化，这种文化散布其势力所及的全境，渐而日本民族也受了影响，其最确实的证据是近来发见的汉式镜。影响的结果，就有纪元五七年即后汉光武中元二年第一次向中国奉献的事情发生。汉倭奴国王印也就是最好的证据。经五十年即纪元一〇七年安帝永初元年又有第二次的贡献，再经百余年，即西纪二三九至二四七年（魏景初三年至正始八年）又有女王对魏的连续几次的贡献，同时由中国输入了好几种珍物，像锦绢、真珠、铜镜、铅丹之类，而且数量也很不少。这都是中国史上所明载。这三百多年来，可算是第一期的文化输入。

据中国的史籍来说日本的事情，怕各位不大明了，不过这三百多年的第一期，正是日本仅有史时代，那时的史事，日本史籍记得很蒙昧，所以不得不如此。现在就据贵国的史籍来说罢！《古事记》是日本最早的史籍，有所谓神代部分，里面所说最初的天地形成传说就是由《淮南子》等书蜕化而来，《日本书纪》：

古天地未剖，阴阳不分，混沌如鸡子，溟涬而含牙，及其轻阳者薄靡而为天，重浊者淹滞而为地。精妙之合搏易，重浊之凝竭难，故天先成而后地定，然后神圣生其中焉。故曰开辟之初，洲壤浮漂，譬犹游鱼之浮水上也。

这和《淮南子》等一比对便很明白。又伊邪那岐和伊邪那美两神的神婚故事里也就含了中国男尊女卑的思想，伊邪那美神死了到黄泉国去，所谓黄泉国，当然是由中国而来。

现在我们再研究第二期。在崇神天皇时日本开始和朝鲜发生正式外交关系，因而又间接受了中国道德思想的影响，如垂仁天皇之禁殉葬之类。应神天皇时，王仁来，而且带了《论语》和《千字文》，于是日本始有文字，这更是周知的事情。王仁之来，不待文字输入，同时儒学也就开始在日本民族里建立根基。继体天皇时之聘五经博士段扬尔，钦明天皇时之聘五经博士马丁安、王柳贵，医博士王保孙，易博士王道良等，则儒以外，更还有医卜历等学问的输进。又如应神时皇子大雀命和宇迟能和纪郎之互让皇位继承，显然是受中国道德思想的影响，因为前此在日本是没有这样互让的事情的。此外还有司马达带了佛像到日本，做佛教输入的前导。

到了第三期，圣德太子的时候，更呈突进的状态，因为这一位是极聪慧而好学的太子，他一方面崇信佛教，另一方面又极力地提倡儒学，所以他从僧惠慈习佛，从博士觉哥习诸经，然而还不满足，因为了国家文明的进步上，他嫌中国文化要经三韩间接的输进，因此特派小野妹子等入隋，以求直接敏捷，这日本外国留学的最先期，这些留学生在中国经过长期间，回来后对于日本文化的进展实有极大的功劳，如南渊请安更是显著的人物。太子对于儒佛实际应用于政教上的就是那有名的"十七条宪法"，从这十七条宪法，可以知道他除佛经外，曾见过《五经》《孝经》《论语》《中庸》《孟子》《左传》《史记》《汉书》及诸子等书。

我们都知道佛教输入后，日本文化跃进。佛教虽然不是中国的固有文化，但输入日本的佛学是中国化的佛学，我们试看日本关于佛教的遗迹，便知道日本文化之受中国六朝隋唐文化影响至大，日本的雕刻艺术，完全是佛教的雕刻，推古时代的佛像，由北魏佛教艺术传来，把这一期的佛像和大同的佛像比较，是一式一样的。关于绘画上，药师寺的吉祥天女画像，完全仿照唐明器女像，这又是一个显明的证据。

遣隋使以后日本对于中国文化有更深一层认识，因而更深一层崇拜，舒明天皇（西纪六二九）以来，因值盛唐统一，文化极灿烂时期，日本也就急于要造成同样的国家，所以遣使就来得特别频繁（自舒明至仁明二百年间，共十二次），一切文化，都尽力模仿，到天平时代，是模仿的极度，我们现在跑到京都，还可以因此像想唐代的文物；就是现在日本的服式、屋宇佛寺以及工艺美术的文样，不都显然有模仿唐代文化的遗痕吗？

文史方面，从现存的《怀风藻》看来，当时也是盛行模仿唐诗。白凤时代的五七音，是五言诗的蜕化，人磨的长歌，袭了唐诗的风格，长短歌更是直接承继唐诗而来的。又如万叶集的长短歌，何尝不是由长短句而来？

《古事记》和《日本书纪》不是日本最重要的史籍吗？安万侣的《古事记》序就纯然六朝骈骊文的产儿，《日本书纪》第三卷以下，又一依中国史书的体例。

日本最早之法典所谓近江朝令，也是根据唐永徽令的。

从宇多天皇（西纪八八九）到村上天皇（西纪九六七）几十年间，又出许多有名的汉学者，如菅原道真、三善清行、都良香、田达音、纪长谷雄、菅原文时、大江朝纲、源顺等。

关于贸易上，唐宋中国商人到日本的也很多。以前的中国文化，还是少数特殊阶级享有，到了此时，就布满于日本全民族了。

我们现在可以说到第四期，第四期可以说是儒学时代。日本近世思想里面，除了本居宣长的日本学外，其余就全部是儒学史，近世日本的哲学伦理学，完全是一般儒学者所造就，全民族的思想差不多完全被儒学所支配。儒学的发达，以五山文学为嚆矢，所谓五山，就是京都的天龙、相国、建仁、东福、万寿五寺和镰仓的建长、圆觉、寿福、净智、净妙五寺。五山的禅僧，不特鼓吹儒学，而且于政治文教上也很有势力的。五山的儒学便是宋代程朱的哲学，即理性之学，可以说是儒佛混合的哲学，他们于哲学外还研究宋元的诗文，代表者是义堂，义堂之后有桂庵，他在应仁元年到北京，留居七年回国，在山阴九州一带专讲儒学。在江户时代最有名的儒者藤原惺窝就是受他的影响而成为日本近世哲学的先驱者，他不特注重朱程之学，还注重其他学派，他把朱子和陆象山调和，他把儒佛和日本固有的神道融冶在一炉。

惺窝以后有林罗山，他是以朱子之学做江户时代的官学元祖。

藤原惺窝和林罗山来开了近世儒学序幕，到江户时代，盛奖儒学，所以那时人才辈出，著名的如中江藤树、熊泽蕃山、木下顺庵、荻生徂徕、伊藤仁斋、太宰春台、新井白石、室鸠巢、三浦梅园等，从他们的学说，一方面可以知道近世儒学的发达，另一方面可以知道日本思想在儒学影响之下的开展，因为他们的学说兼了社会学、政治学、经济学、伦理学、神道，等等。那时他们不单止崇信朱子之学，朱子之外还来了阳明之学，所以日本近世儒学的系统，可以分作朱子学派、古学、阳明学派的三大系。朱子学派因为有政府援助的关系，所以特别发达，但阳明学派在民间里亦很占势力，北岛雪山、中根东黑、三重松庵、三宅石庵都可做代表人物，而尤以中江藤树为最。

当时盛行的武士道，也深具阳明学派的思想，一看山鹿素行的武士道学就很明白了。

儒学在日本全民族的盛况，我们不必另寻史料，只看荷田东磨的创国学校启，便很明了。"今也洙泗之学，随处而起，瞿昙之教，逐日而盛，家讲仁义，步卒厮养解言诗，户事诵经，阎童壶女识谈空。民政一改，我道渐衰……非唐宋之糟粕，则胎金两部之余沥……然所藏三史九经，陈俎豆于雍宫。其所讲四道六艺，荐苹蘩于孔庙。悲哉先儒之无识，无一及皇国之学……是故异教如彼之盛矣，街谈巷语，无所所不至，吾道如此衰矣，邪说暴行，乘虚而入。"他一面叹恨儒学势力的盛大，而一面自己做文章就极力模仿那骈俪的腔调。

从日本有史以来，一直到德川末期，日本民族重叠不断地受中国文化的熏陶，一到明治以来，才着眼于西洋科学，统观这千余年来的日本文明，显然是染了很深的中国文化色彩。所以中日间以前的传承关系，在历史上无论任何两国都不能仿佛比较的。

原载《日本研究》第一卷第二号，1930年2月

日本古代之中国流寓人及其苗裔

一

日本之古代史，除所谓"神代"部分为神话传说，根本非史实，可置勿论外，其余自神武以下，敏达以前，年代既多谬误，而对外关系记事，又特与有关系之外国尤其是中国之史籍不符，此日人近已屡屡言之矣。年代谬误之原因，拙著《后汉刘宋间之倭史》曾详论之，今不复赘。至于对外关系记事之与中国史籍不符，除亦于后汉刘宋间之倭史一文曾置言外，今试更一论其构成此种谬误之原因。第一，日本之史籍，最早有《古事记》及《日本书纪》两种异名之典，本可以之相互比对，以厘正谬误；然究两书之内容，体裁虽异，而史事大致无别，盖编纂者在《古事记》固明书为安万侣，至《日本书纪》虽并题舍人亲王等之名，实则亦即出安万侣之手，故其史事之大致无别，原无足怪，然因此遂无从互正谬误矣。千载以来，日人视此两书为圣典，故期间虽有对之怀疑者，亦一仍其误，而不敢非议。第二，古日本文字来自中国，故日本古籍，类多以中国文出之，能书中国文，必先能读中国书，其编纂《古事记》与《日本书纪》之安麻吕，亦自不能逃此例；能读中国书以至于能书中国文，则其思想必易感染中国书之色彩，况当时重视中国如天邦乎。而中国之典籍，对于边陲之异族，因环境关系，向抱自大之态度，故有所谓蛮夷戎狄之称，然当时之中国文化，确较高于边陲之族，故此种自大心理，纯为环境所养成，乃安麻吕辈，读中国史而亦竟染此种自大思想，故于内部之事犹或肯存其真，而于对外关系，则于稍具卑野之迹者，便一概抹杀，而不肯著一字，此所以误认卑弥呼为神功，而于遣使中国等事讳而不言，后之读其书者，亦存自大之心，虽有知其谬而亦讳而不言也。

因于日本史籍中对外关系不明，故于研究中日间古代文化关系上，遂不易着手。据《前汉书·地理志》言：吴越断发文身，《魏志》亦言倭人文身。又言：马韩男女近倭，此吴越韩倭间俗尚之类也。近世研究东方古代人种迁移者言：日本联岛原人分南北种，北种自千岛桦太等地来，即今之虾夷；南种来自南洋，沿中国海岸经朝鲜而入日本。《魏志》言：倭所有无与儋耳朱崖同，儋耳朱崖，今南海之琼崖岛也；又言：倭人好沉没捕鱼蛤，文身以厌大鱼水禽，此种习尚，今南海群岛岛人犹尚如此，然则谓其来自南洋之说至可信，南洋来之说既立，则其沿中国海岸而经朝鲜以入日本之说，按诸地理，亦无何非议。沿中国岸而经朝鲜，以至于渡日本，以当时未开化之初民之交通能力，如此长途之流徙，自非短期间所能完成，其至一地也，必为长时间之稽留，及有不适而后他徙，所谓长时间，最短亦当数月，多者且数十寒暑，真所谓合则留不合则去，其至于日本也，最早当然无此种目的与计划，特偶然耳。其至一地，稽留期间稍长者，必与当地之土民相混，或且有留而不去者；当地之土民，又必有加入此团体而随同流徙者，于是一面流徙，一面联婚，及其至于日本也，早已成为混血民族矣。故吴越韩倭俗尚之相类，固有其最合理之原因在。

基于上述理由，则中国沿海民族中，必有同时流寓于日本者，故中日间之关系，直可谓有日本民族始。至于此后情形，即自未开化以至于日本之有史时代，中国人之流寓于日本，是否含有相续性？关于此问题，据日本近代所发见之古物如铜铎等之类多与中国有关，可为含有相续性之证，然因日本史籍对于上代史事不能明，而对外关系之记事又讳言之原因，遂无从知其详细。

中国史籍中，对于此项记载，亦甚感缺乏，若徐福入海之事，其与日本无关，早成定论。中日诗人，虽喜引为材料，现在日本虽尚有徐福之祠之墓，其为附会传说所造成之迹，其本与史实无关也，自不待言。《山海经》等书有扶桑之记事，扶桑一地，今人已证为桦太，然据此又仅可为中国曾至桦太之证，而未可因以知中国人流寓于日本之情况也。故上古时中国人流寓于日本之史，似已不能从任何典籍以探求之矣。然上古时虽如此，而古代则不然，按据日本之氏族沿革，则有径可寻也，盖日本国民素尊祖先而重血统，自上古即以民族制度组织社会，故民族制度有悠久之历史，其系统虽间有伪乱，然大致尚称顺整，今试检其氏族，有称周灵王之后，有称鲁公伯禽之后，有称汉高祖之后，有种[①]光武之后、后汉灵帝之后、献帝之后、魏武帝之后、文帝之后、孙权之后，以至于燕人之后、隋人之后、唐人之后，自周以迄于唐，无代无之。其曰某代某人之后者，虽未可遽信，然其为中国人也，则无多大可疑。

日本史籍中所见之中国人流寓于日本之记事，当以所谓功满王之归化为序幕，所谓功满王之归化，据日本史籍为仲哀八年，依其旧史之计算，为中国后汉献帝建安四年，而西纪之一九九年，其言功满王，秦始

---

① 按：此处"种"字应为"称"。

皇三世孙孝武王之子也，至于其来因与从何而来之记事则缺。功满王之后，经十四年，即应神十四年，又有所谓弓月王率百廿七县百姓归化之事，弓月王者，言功满王之子也。更二年即应神十六年又有王仁献《论语》《千字文》之事，王仁者，谓为汉高祖之后也。又四年即应神二十年又有阿知使主父子率十七县民归化之事，阿知使主者，谓为后汉灵帝之曾孙也。此四者之归化为最早而又最显著之事，四者俱皆渊源有自，若据以为史实，则日本直又可称为中国古代帝王苗裔之居留地矣；然，其间虽尽多非实，而彼等之为中国人，当可信也，最低限度则彼等携带中国文化思想以东移植于日本，毫无疑义焉。故今先对于上述四者之史事稍加研究，而后更述其余流寓于日本之氏族，以为研究中国文化东移之资。

二

关于所谓功满王与弓月君之归化事，《古事记》及《古语拾遗》虽均有记载，但寥寥数字耳，《姓氏录》则曰：

> 功满王，仲哀天皇八年来朝；男融通王，应神天皇十四年来朝，率百二十七县百姓归化，献金银玉帛等物。

又：

> 功满王，弓月王誉田（按，即应神）天皇来朝，上表更归国，

率百二十七县百姓归化，并献金银玉帛种种宝物，天皇嘉之，赐大和朝津间腋上地居之焉。

《日本书纪》：

　　应神十四年，弓月君自百济来归，因以奏之曰：臣领己国之人夫百二十县而归化，然因新罗人之拒，皆留加罗国，爰遣葛城袭津彦而召弓月之人夫于加罗，然经三年而袭津彦不来焉。十六年八月，遣平群木菟宿祢，的户田宿祢于加罗，仍授精兵召之曰：袭津彦久之不还，必由新罗人拒而滞之，汝等急往击新罗，披其道路！于是木菟宿祢等进精兵，莅于新罗之境，新罗王愕之，服其罪，乃率弓月之人夫与袭津彦共来焉。

关于上述记载，第一，年代问题，一说功满来于仲哀八年，融通（按，即弓月）来于应神十四年，一说功满、弓月俱来于应神十四年；《日本书纪》则无功满之记事。此种年代之记载，究竟属是属非？又此种年代是否可靠？所谓仲哀八年与应神十四年，究应为中国之某年（此因日本旧史之年代谬误，新研究又尚未能定正确年代）均在疑问之列，而未易判断。至于谓为秦始皇三世孙孝武王之后之说，根据《史记》，始皇长子扶苏，少子胡亥，扶苏自杀死，胡亥亦自杀死；公子婴为项籍所杀，秦诸公子宗族亦为项籍所杀，是秦无后也，又何得于数百年后（据日本旧史年代仲哀八年为西纪一九九年，距秦三世四百〇六年）有子孙流寓于日本耶？此殆彼辈流寓人附托于显名之帝裔以自荣耳，毫不足信也。其归化之原因，并未明言，而弓月君则谓来自百济；来自百济可信也，至于其来之原因，殆不外流徙性质，而并无何种目的，此可推想而知，《魏志·辰韩传》曰："辰韩在马韩之东，其耆老传世自言，古之亡人，避秦役，来适韩国"，此为中国人流寓于边陲或异域之一例。大抵中国每有一次重役或兵燹水旱灾等人为之压逼或天然之厌逼，诸民不堪其苦，遂不得不离而他去，在中国历史上极多此种例证，故流寓日本者，亦当因此，盖当时东亚，无论历史上、文化上、国强上无不以中国为首，其民苟非受势不可留之重大压逼，焉有舍高趋下之理？因人民之流移，同时遂并带文化思想以流移，此三韩、日本之所以得接近中国文化之自然原因也；故在流移之民言之，为一种颠连困苦之不幸遭际，而在三韩、日本，则诚可谓天赐之文化思想导师也。故日本对于彼辈，无不钦崇厚礼高位以遇之，彼辈受此厚遇，自不得不提高一己之身份以自尊，况日本素重氏族之源系，故伪附曰某皇之后、某帝之裔，所谓功满王、弓月王如是，而王仁、阿知使主等，无不相沿如此，否则何以尽皆贵胄王孙也。故吾辈之视此等伪称，绝不必泥之，要知其类多为中国人可矣。弓月君所率与同来者曰"百二十七县百姓"，其书此者直可谓毫不顾事实，试问此百余县究应约几人？能否在同一期间俱来？至于木菟宿祢等之进兵，尤属滑稽，是直神兵也，否则新罗王何以一见而愕焉服罪？

其次关于王仁之归化，《日本书纪》：

> 汉高帝之后曰鸾，鸾之后王狗，转至百济，百济久素王时，圣祖遣使征召文人，久素王即以狗孙王仁贡焉。

王仁之来在应神十六年，而来时据《古事记》则并献《论语》十卷，

《千字文》一卷。其曰王仁为汉高祖之后,与弓月君之曰秦始皇后同例,其不可信,固不待论;而所谓献《论语》《千字文》中,关于《千字文》,早又成疑问,岛田博士之《百济所献〈千字文〉考》曰:"《千字文》至梁周兴嗣始有,而王仁从百济来,其事较先约二百年,是年代有误;元帝时史游所成之《急就章》,后世流行,自魏晋至南北朝尤盛,故自百济来献者,当为《急就章》。"又,新井白石《同文通考》曰:"应神之世,当晋武帝时代,距此远后之《千字文》,断无于此时渡日之理,故王仁之所献,当为《凡将篇》《太甲篇》《急就篇》等小学之书。"按中国史籍,《千字文》之名,确自梁周兴嗣而始有,据《梁书》本传,其成《千字文》之年代为天监元年至八年之间(西纪五〇二—五〇九),而距此十余年后之普通四年(西纪五二三)萧子范亦尝为《千字文》,此盖当时音韵学盛兴之果也。周兴嗣之年代,距应神太远,无可牵合,自不待论,而近有正书局有所谓右军《千字文》墨宝者,首题:"魏太尉钟繇《千字文》,右军将军王羲之奉敕书",若据此而言,则钟繇固曾有《千字文》之作,钟之年代,固早于仁,是王仁之献《千字文》,未可断其非也,此日人亦尝有持此论者矣;然此谬论也,当辩正之。始余之见有正书局此帖,即疑其全部行势之歪斜不整,绝不类兰亭诸本,既睹乾隆两跋,其疑滋甚,其一曰:"阁帖之首,有汉章帝草书,与今所传千文相类;此卷题为王右军书钟太尉千文者,不详所自,文义亦不相属,意渡江后好事者萃右军佳迹为卷,周兴嗣从而韵之耳……爵冈斋帖谓米元章定为右军书,米跋不知何时逸去,致可惜也。乾隆戊辰清和御跋。"其后四年,又为一跋曰:"此卷托名钟王,故掇易其词句,以别于周兴嗣,盖好古者为之,其用笔结体,绰有□史矩矱,向以为的系真迹,谛观之宝双钩本也,然鉴藏印识,历历可数,卷首有瘦金题籖，即双钩亦当出唐宋高手，断为下真迹一等，不爽耳。乾隆壬申嘉平御笔。"读此两跋后，乃悉心细辨之，终乃确断其伪，其唯一理由，则卷首所书"魏太尉钟繇《千字文》右军将军王羲之奉敕书"十八字中，"右军将军王羲之奉敕书"十字行势之整顺与字体之美妙，与怀仁集《圣教序》绝类，其余八字字体虽亦美妙，而行势不整，"魏太尉"三字作一平行线，"钟繇"两字又作另一平行线，至"千字文"三字更显然为拼凑而非连贯而书，至是其伪乃判然矣。其所以有此伪作，亦不难推知，盖既有怀仁集右军书之事于前，而又观于《梁书》"次韵王羲之书千字，使兴嗣为文"之语，乃故乱兴嗣原文，如乾隆所云，而强托为钟繇《千字文》而右军书之，不知《梁书》其意已明言为集王羲之所书千字，使兴嗣编配成韵文，右军原无所谓《千字文》之书，钟繇更无所谓"千字文"之作也。此说既定，则可断曰，王仁当时所献并无《千字文》其书，其曰《千字文》者，撰史者所虚构耳；至于是否《急就篇》之类，无从证明，更进一步言，则有无献书之事，亦不能无疑焉，盖《千字文》之事既可伪做，则献书之事，又安知其非伪做耶？其次为阿知使主，阿知使主亦称阿智王，据《日本书纪》：

> 右卫士督从三位兼下总守坂上大忌寸苅田忌寸等上表言：臣等本是后汉灵帝之曾孙阿智王之后，汉祚迁魏，阿智王因神牛教，出行带方，忽得宝带瑞，其家似官城，爰建国邑，育其人庶；后召父兄告曰：吾闻东国有圣主，何不归从乎？若久居此处，恐取覆灭。即携母弟迁兴德及七姓氏，归化来归，是则誉田天皇（即应神）治天下之御世也。于是阿智王奏请曰：臣旧居在于带方，人民男女皆有才艺，近者寓于百济高丽之间，心怀犹豫，未知去就，伏愿天

恩，遣使追召之。乃敕遣臣入腹氏，分头发遣，其人民男女，举落随使尽来，永为公民，积年累代，以至于今。

又，坂上系图引《姓氏录》曰：

阿智王，誉田天皇御世，避本国乱，率母并妻子母弟于兴德，七姓汉人等规化；七姓者，第一段……次李姓……次皂郭姓……次朱姓……次多姓……次皂姓……次高姓……天皇矜其来志，号阿智王为使主，仍赐大和国桧隈郡乡居之焉。于时阿智使主奏言；臣入朝之时，本乡人民往离散，今闻偏在高丽、百济、新罗等国，望请遣使唤来。天皇即遣使唤之。大鹪鹩天皇（谥仁德）御世，举落随来。

四者之中，以此所叙为最详明，当为中国内地之民因避乱而走带方，后由带方而流徙于三韩，再由三韩而流于日本；盖三国时中国多乱，因走东北，晋时带方零落，因南下，东晋而朝鲜南半部大乱，遂更渡海，故彼等实由层层压逼而至于此也。综合数者以观，则彼等曰某皇之后、某帝之裔者虽为伪附，然确为中国人而受种种压逼，由内地而走东北，由东北而入朝鲜，由朝鲜而渡日本以为归宿；累代如是，为数渐多；故其谓弓月君率百廿七号百姓归化者，或为自古来，以至于弓月君时，居留于日本者，已为数甚多，故讹传其率百二十七县百姓来也。

中国人流寓于日本之来因既略明，今当于日本之姓氏中以求中国人流寓于日本之概数及其概况，在未入此研究之先，当略述日本之氏族制度及其沿革。

三

前既言之，日本素尊祖先而重血统，自古即以氏族制度以组织社会；其由同一祖先所出之多数团体，称为"氏"，故氏之中含有本家之一大氏及多数分家之小氏，各氏有长以统率氏人及部民（即隶属于大小氏之民），守一定职业，代代仕于朝廷，诸部中如中臣部、斋部之职为祭祀，久米部、大伴部、物部之职为武事，服部之职为织制，史部之职为纪录，海人部之职为渔业等。氏之上又特赐臣、连、直、首、造等姓以别家格之尊卑，诸姓其初以臣及连最贵，如苏我臣，则苏我为氏，臣为姓；大伴连则大伴为氏，连为姓。因此，一观其人之姓氏，即可定其家格之高下，诸人之中，可分四种：

一、有姓者为贵族。

二、有氏无姓者为平民。

三、称某部某人者为旧部民之遗裔，亦为平民。

四、无姓无氏而只有名者为奴婢。

四者中以第三种最占多数，次二，次一，第四种为最少。其所称为中国之归化人者，多为第一种。姓氏之别，在最初原无何种严格规定，后以年代久远，渐有冒伪混乱之举，故于元恭四年（按日本旧史为东晋安帝十一年，西纪四一五年）而有所谓盟神探汤之愚举，谓可判姓氏之真伪，据《日本书纪》：

> 戊申诏曰：群卿百寮及诸国造等皆言，或帝皇之裔，或异之天降，然三才显分以来，多历万岁，是以一氏蕃息，更为万姓，难知其实，故诸氏姓人等，沐浴斋戒，各为盟神探汤！则于味橿丘之辞

祸户碑，坐探汤瓮，而引诸人会赴，曰得实则全，伪者必害。于是诸人各著木绵手襁而赴釜探汤，得实者自全，不得实者皆伤，是以故诈者愕然之，豫退无进；自是以后，氏姓自定，更无诈人。

自是遂有君、臣、连、造、直、首六姓之制定，至天武十三年（唐嗣圣二年，西纪六八五）又改其序次为真人、朝臣、宿祢、忌寸、道师、臣、连、稻置八姓，往昔最贵之臣连，至此降为第六七级。元恭天武所制定之姓以外，尚有一种为旧存之姓，如公、彦、枭师、祝、积、使主、胜、长、村主、王等皆然；一种为官职之姓，如国造、稻置、别、画师、药师、曰佐、史等皆然。

旧存诸姓中，中国人多曰使主、村主，胜及王允恭制定诸姓中，则多为直、造、首。天武制定诸姓中，则多为忌寸、次宿祢，间亦有曰朝臣者。官职之诸姓中则多为造、史，曰佐，曰佐即译语之义。

四

日本之氏族制度及其沿革既略明，今试从关于姓氏方面诸书以检中国流寓人及其苗裔之姓氏，其人显著者则并略录其史事。依史事之先后，则当以功满王为最早，然依年代论，则又当以称周灵王之后者为最先，今为便利于编排计，仍以其所称之朝代为先后。其称某某之后者，大部分以姓氏录为据，间及于《日本书纪》等书，《姓氏录》成于嵯峨弘仁五年（唐元和九年，西纪八一四）。

称周灵王太子晋之后者：

山田宿祢　《姓氏录·左京诸蕃》（按平安京分为左、右京）："山田宿祢，出自周灵王太子晋也。"

山田造　按《书纪》："天长十年三月，左京人少外记山田造古嗣赐宿祢姓。"又，《姓氏录·右京诸蕃》："山田造，出自山田宿祢同祖，忠意之后也。"是宿祢之先有造。

山田史　《书纪》："天平宝字三年十二月，山史广名赐姓造。"是造之先又有史。

山田御井宿祢　《书纪》："天平胜宝七年正月，从七位上山田史广人，赐山田御井宿祢姓。"是山田史又有赐御井宿祢姓者。

广野连　《书纪》："天平胜宝七年三月，外从五位下山田史君足，赐姓广野连。"是山田史又有赐姓广野连者。

长野连　《姓氏录·右京诸蕃》："长野连，出自山田宿祢同祖，忠意之后也。"是长野连与山田宿祢同宗。

志贺闭连　《姓氏录·左京诸蕃》："志贺闭连出自山田宿祢同祖王安高之后也。"是志贺闭连与山田宿祢同宗。

志贺闭造　《书纪》："宝龟八年三月，外从五位下志我（按：我贺同音）闭造东人，赐姓连。"是连之先有造。

综合以上诸姓，可列表如下：

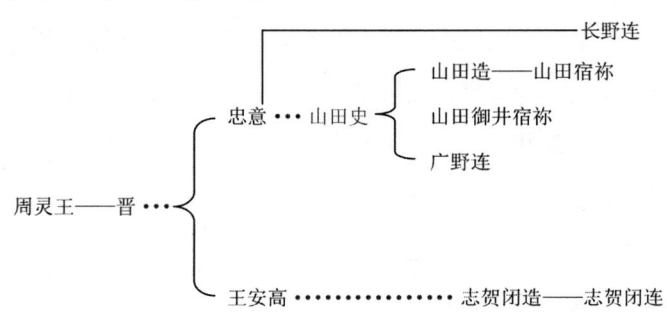

```
                                    ┌─────────── 长野连
                                    │      ┌── 山田造──山田宿祢
                        ┌ 忠意···山田史 ┤── 山田御井宿祢
                        │           └── 广野连
  周灵王──晋···────┤
                        │
                        └ 王安高·············志贺闭造──志贺闭连
```

称鲁公伯禽之后者：

民首 《书纪》："承和二年十月，左京人从六位下民首民主，赐姓长岑宿祢焉。氏主等与白鸟村主同祖，出自鲁公伯禽云。"是民首之后有长岑宿祢，而与白鸟村主俱为鲁公伯禽之后。

白原连 《书纪》："神护景云三年六月，右京人正八位下白鸟村主马人，赐姓白原连。"是白村鸟主之后有白原连。

```
           ┌── 民首────长岑宿祢
鲁公伯禽 ──┤
           └── 白鸟村主──白原连
```

五

称秦始皇之后者：

关于秦始皇之后，功满王即弓月君曾上述，其谓率百二十七县百姓归化者，殆为至弓月君当时中国人流寓者，其数至众，故有此误传耳。据《姓氏录》则后此三朝，即雄略天皇时（雄略距应神百余年），秦氏计九十二部，一万八千六百七十人。至钦明天皇（距雄略约六十年）时，据《书纪》秦人户数共七千五十三，假定每户五人，亦三万余矣。况累代繁殖，其数量不更可惊耶？检诸姓氏，其所散居，几于无地无之，据可知者，三十余国，而以山城为最众。其中显者，如秦酒公之为大藏长官，秦大津父之拜大藏卿，惟宗氏之累代为明法博士等其著也。

以秦氏甚众，为便阅计，不得不分地列之，今先录其初至日本数代之史事。其所有称谓及年代一依原文。

仲哀八年（据旧史为后汉建安四年，西纪一九九）功满王来朝（《姓氏录》）。

应神十四年（据旧史为晋武帝四年，西纪二八三）弓月君（即融通王）自百济来归，因以奏之曰：臣领己国之人夫百二十县而归化，然因新罗人之拒，皆留加罗国。爰遣葛城袭津彦而召弓月之人夫于加罗。然经三年而袭津彦不来焉（《日本书纪》）。

应神十六年（据旧史晋武帝六年，西纪二八五）遣平群木菟宿祢。的户田宿祢于加罗，仍授兵急往击新罗，新罗王愕之，服其罪，乃率弓月之人夫与袭津彦共来（《日本书纪》）。并献金银玉帛种种宝物，天皇嘉之，赐大和朝津腋上地居之焉（《姓氏录》）。

仁德朝（据旧史西纪三一三—三九九）以百二十七县秦民分置诸郡，即使养蚕织绢贡之。天皇诏曰：秦王所献丝绢帛，朕服用柔软，温暖体肤，赐姓波多公（《姓氏录》）。弓月君男真德王，次普洞王，次武良王（《姓氏录》）。

雄略十五年（旧史宋泰始六年，西纪四七〇）秦民分散。臣连等各随欲驱使，勿委秦造，由是秦造酒（人名）甚以为忧，而仕于天皇，天皇爱宠之，诏聚秦民赐于酒公，公仍领率百八十种胜部，奉献庸调御调，绢缣充积朝廷，因赐姓曰禹豆麻佐（禹豆麻佐为盈积之义）。秋七月，诏宜寻国县殖桑，又散迁秦民，使献庸调（《日本书纪》）。

又，按《姓氏录》：普洞王男秦酒公，大泊濑稚武天皇（即雄略），御世奏称，普洞王时，秦氏总被劫略，今见在者十不存一，请遗敕使检括招集。天皇遣使小子部雷率大隅阿多隼人等，搜括鸠集，得秦氏九十二部一万八千六百七十人，遂赐于酒，爰率秦氏，养蚕织绢，盛诸关贡进，如岳如山，积蓄朝廷，天皇嘉之，特赐宠命，赐号曰禹都麻佐。役诸秦氏，构八丈大藏于宫侧，纳其贡物，故名其地曰长谷朝仓宫。是时始置大藏宫员，以酒为长官，秦氏等一祖子孙，或就居地，或依行事，别为数腹。

钦明元年（旧史梁大同六年，西纪五四〇）召集秦人、汉人等诸蕃投化者，安置郡国，编贯户籍，秦人户数总七千五十三户。

山城国及左右京 （按《姓氏录》成于西纪八一四年，而日本之奠都平安，自西纪七九四年始，平安京分作左右二京，其地在山城国，故称）。

太秦公宿祢 《姓氏录·左京诸蕃》："太秦公宿祢，秦始皇三世孙孝武王之后也。"《书纪》："天安元年九月，中宫少属正七位上秦忌寸永岑，赐太秦公宿祢姓。"是秦忌寸之赐姓太秦公宿祢者。

秦忌寸 《姓氏录·右京诸蕃》：秦忌寸，大秦公宿祢同祖，功满王三世孙秦公酒之后也。

又：秦忌寸，大秦公宿祢同祖，功满王之后也。

又：秦忌寸，大秦公宿祢同祖，始皇帝十四世孙尊义王之后也。

又：秦忌寸，始皇帝四世孙功满王之后也。

秦忌寸《姓氏录·左京诸蕃》：秦忌寸，融通王四世孙大藏秦公之后也。

又：秦忌寸，融通王五世孙丹照之后也。

秦忌寸《姓氏录·山城诸蕃》：秦忌寸，大藏公宿祢同祖，秦始皇帝之后也。

又：秦忌寸，秦始皇帝十五世孙川胜公之后也。

又：秦忌寸，秦始皇帝五世孙弓月王之后也。

秦造 《姓氏录·左京诸蕃》：秦造，始皇帝五世孙融通王之后也。

《书纪》：推古十一年，皇太子谓诸大夫曰：我有尊佛像，谁得是像以恭拜？时秦造河胜（即川胜）进曰：臣拜之。便受佛像，因以造峰冈寺。皇极帝三年，东国不尽河上有大生部多者，养异虫，诳惑乡里曰此常世神也，河胜恶其妖术惑民，捕笞之，时人作歌称之。

秦人　《姓氏录·右京诸蕃》：秦人，秦忌寸同祖，弓月王之后也。

秦许　《万叶集》中有秦许逼麻吕。

秦姓　《书纪》：天平二十年十月，正七位下，广幡牛养，赐秦姓。

广幡　（见上）

秦冠　《姓氏录·山城诸蕃》：秦冠，秦始皇帝四世孙法成王之后也。

秦前氏　据太田亮氏《姓氏家系辞书》，见于神龟三年之《出云乡计帐》及《正仓院文书》。

秦前忌寸　据《姓氏家系辞书》，见于《尾张国正总帐》。

秦伴造　《书纪·钦明纪》：天皇宠爱秦大津父者，及壮必有天下，寐惊遣使晋求，得自山背国（即山城）纪伊郡深草里，乃令近侍，优宠日新，大致饶富，及至践祚，拜大藏卿。元年，召集秦人、汉人等诸蕃投化者，安置国郡，编贯户籍，秦人户数，总七千五十三户，以大藏掾为秦伴造。

秦连　《书纪》：天武十二年，秦造赐姓曰连。

禹豆麻佐　（见前）

太秦公　《书纪》：天平十四年八月，诏授造宫录正八位下秦下岛麻吕从四位下，赐太秦公之姓。是秦下之赐姓太秦公者。

秦下　（见前）

贺美能宿祢　《书纪》：延历十年正月，大秦公忌寸滨刀自女，赐姓贺美能宿祢，贺美能亲王之乳母也。是大秦公忌寸之赐姓贺美能宿祢者。

大秦公忌寸　（见前）

朝原忌寸　《书纪》：宝龟七年十二月，山背国葛野郡人秦忌寸箕造等九十七人，赐姓朝原忌寸。是秦忌寸之赐姓朝原忌寸者。

朝原宿祢　《书纪》：弘仁二年七月右京人正六位上朝原忌寸诸坂，山城国人大初位下朝原忌寸三上等，赐姓宿祢。是又朝原忌寸之赐姓朝原宿祢者。又：承和三年闰五月右京少属秦忌寸安麻吕，赐姓朝原宿祢。是秦忌寸之直接赐姓朝原宿祢者。

朝原宿祢　（见前）

朝原宿祢　《书纪》：承和二年十一月，左京人正六位上秦忌寸，赐姓朝原宿祢。

时原宿祢　《书纪》：贞观五年九月，山城国葛野郡人图书大允从六位上秦忌寸春风等三人，赐姓时原宿祢，其先秦始皇之后也。是秦忌寸之赐姓时原宿祢者。

时原朝臣　《书纪》：仁和三年七月，左京人从五位下行采女正时原宿祢春风，赐朝臣姓，春风自言，先祖出自秦始皇十一世孙功满王也。是春风后又赐姓朝臣。

伊统朝臣　《书纪》：贞观六年八月，右京人内教坊头从七位下秦忌寸善子，赐姓伊统朝臣；秦忌寸安雄等，赐姓伊统宿祢。是秦忌寸之赐姓伊统朝臣及伊统宿祢者。

伊统宿祢　（见前）

惟宗朝臣　《书纪》：元庆七年十二月，左京人从五位下行下野权介秦宿祢永原，从五位下守大判事兼行明法博士秦公直家；山城国葛野郡人外从五位下行商博士秦忌寸永家，右京人主计大允正六位上秦忌寸越雄，左京人右卫门少志秦公直本等，男女十九人，赐姓惟宗朝臣，永原等自言，秦始皇十二世孙，功满王子，融通王之苗裔也。是左右京及山城秦宿祢，秦公，秦忌寸等之赐姓惟宗朝臣者。

据《大日本史》：惟宗公方，祖父直宗，父直本直宗至勘解由次官，直本为主计头，世学律，任明法博士，摄巡察纠弹职，公方延长间历左卫门大志，任明法博士，为主计助，天庆中迁大判事，兼勘解由长官大和介，寻任民部少辅；天历中为左卫门权佐，补检非违使，授正五位下；天德二年左迁大藏权大辅，犹兼明法博士；公方虽不善诗赋，博览多通，精家学，当时法律，多成其手，孙允亮。

令宗朝臣（左京）《氏族志》：惟宗朝臣直宗，通法律，任明法博士，子孙世职，玄孙允亮尤知名，一条帝时，奏请改姓令宗朝臣。是惟宗朝臣后之姓令宗朝臣者。

据《大日本史》：允亮夙有才名，长于家学，为明法博士，论断精确，当时法家，皆出其下，正历中为勘解由次官，寻任左门权佐，补检非违史，宽弘中兼河内守，尝编纂父祖旧记及诸书，著政事要略百三十卷，又著类聚判集百卷，其日记曰宗河记，法家以为准则云。

秦宿祢 《书纪》：天长十年二月，左京人左大史正六位上秦忌寸贞仲，赐姓宿祢。是秦忌寸之赐姓秦宿祢者。

秦长田 《书纪》：神护景云三年十一月，弹正史生从八位下秦长田三山，造宫长上正七位下秦仓人呰主，造东大寺工手从七位下秦姓纲麻吕，赐姓秦忌寸。是秦长田，秦仓人，秦姓之赐姓秦忌寸者。

秦仓人 （见前）

秦姓 （见前）

物集 《姓氏录·山城诸蕃》：物集，秦始皇九世孙竹支王之后也。

《书纪》：承和元年二月山城国葛野郡人从八位上物集广永等，赐姓秦忌寸。是物集之赐姓秦忌寸者。

秦常　据《姓氏家系辞书》，见于《正仓院文书》。

秦常忌寸（右京）　据《姓氏家系辞书》，见于《天平右京记帐》。

秦中家忌寸　《山城风土记》：称伊奈利者，秦中家忌寸等远祖伊侣具秦公，积稻粱有富祐，仍用饼为的者，化成白鸟，飞翔居山峰，子生遂为社。

伊侣具秦公　（见前）

秦川边忌寸　据《姓氏家系辞书》，见于《山城国计帐》。

秦伊美吉　《姓氏录·山城诸蕃》：秦氏等一祖子孙，天平二十年在京畿者，咸改赐伊美吉姓。

秦公忌寸　《书纪》：弘仁五年十月，兴福寺传灯大法师位常楼卒，俗姓秦公忌寸。

大藏秦公　《姓氏录》左京诸蕃：秦忌寸，融通王四世孙大秦藏公志胜之后也。

秦大藏造　据《姓氏家系辞书》，齐明纪有秦大藏造万里。

秦大藏连　据《姓氏家系辞书》，见于天平十四年之优婆塞贡进解。

秦佐比佐　据《姓氏家系辞书》，见于《国郡未详计帐》。

秦小宅氏　据《姓氏家系辞书》，见于《天平五年之右京计帐》。

秦人广幡　据《姓氏家系辞书》，见于《国郡未详计帐》。

秦高椅氏　据《姓氏家系辞书》，见于《国郡未详计帐》。

秦氏　据《姓氏家系辞书》，见于《出云乡计帐》《正仓院文书》等。

秦长仓　据《姓氏家系辞书》，见于广龙寺来由记。

秦长仓连　《姓氏录·左京诸蕃》：秦长仓连，大秦公同祖，融通王之后也。当为秦长仓之后。

秦田村公　据《姓氏家系辞书》，见于《正仓院文书》。

秦栗栖野　据《姓氏家系辞书》，见于《山城国计帐》。

国背宍人　《姓氏录》：国背宍人，秦始皇之后也。

河内国

秦公　《姓氏录·河内诸蕃》：秦公，秦始皇帝孙孝德王之后也。

秦人　《姓氏录·河内诸蕃》：秦人，秦忌寸同祖，弓月王之后也。

秦姓　《姓氏录·河内诸蕃》：秦姓，秦始皇帝十三世孙然能解公之后也。

秦忌寸　《姓氏录·河内诸蕃》：秦忌寸，太秦公宿祢同祖，融通王之后也。

秦宿祢　《姓氏录·河内诸蕃》：秦宿祢，秦始皇帝五世孙融通王之后也。

朝原宿祢　《书纪》：承和十五年三月，河内国河内郡人大初位下秦宿祢世雄，赐姓朝原宿祢。是秦宿祢之赐姓朝原宿祢者。

朝原朝臣　据《姓氏家系辞书》，见于《姓名录抄》及《拾芥抄》。当为朝原宿祢之赐姓者。

秦氏　据《姓氏家系辞书》，见于《正仓院文书》。

高尾忌寸　《姓氏录·河内诸蕃》：高尾忌寸，秦宿祢同祖，融通王之后也。

寺氏　《书纪》：宝龟十一年五月，河内国高安郡人大初位下寺净麻吕，赐姓高尾忌寸。是高伟忌寸之先有寺氏。

大和国

秦忌寸　《姓氏录·大和诸蕃》：秦忌寸，太秦公宿祢同祖。《书纪》：天平神护二年，大和国人正八位下秦胜古麻吕赐姓秦忌寸。是秦胜之赐姓秦忌寸者。

秦胜 ——①（见前）

奈良忌寸 《书纪》：宝龟七年十二月，左京（指大和平城之左京）从六位下秦忌寸长野等二十二人，赐姓奈良忌寸。是秦忌寸之赐姓奈良忌寸者。

秦氏 据《姓氏家系辞书》，明匠略传：僧正传灯大法师位勤操，姓秦，大和国高市郡人，天长四年五月七日奄然而化。

播磨国

秦公 据《姓氏家系辞书》，见于《播磨风土记》。

秦造 《书纪》：贞观六年八月，播磨国赤穗郡大饮外正七位下秦造内磨吕，借叙外从五位下。

赞岐国

秦部 《书纪》：承和二年十一月，赐赞歧国人从六位上秦部福依，弟福益等二烟秦公姓。是秦部之赐姓秦公者。

秦公 （见前）

秦人部 《书纪》：承和九年六月，赞歧国香河郡人户主从六位上秦人部永槭等十人，赐姓酒部。

秦酒部 （见前）

秦子 《书纪》：贞观六年八月，赞歧国多度郡人美作掾从六位下秦子上成等三人，赐姓忌寸，本系出自秦始皇也，是秦子之赐姓秦忌寸者。

秦忌寸 （见前）

---

① 按：此处破折号系原文误排。

秦宿祢　据《姓氏家系辞书》，见于《大问书》。

秦胜　《书纪》：神护景云三年十月，赞岐国香川郡入秦胜仓下等五十二人，赐姓秦原公。是秦胜之赐姓秦原公者。

秦原公　（见前）

秦氏　据《姓氏家系辞书》，见于《诸门迹谱》及《元亨释书》等。

近江国

秦公　据《姓氏家系辞书》，见于《东大寺文书》。

依智秦　据《姓氏家系辞书》，见于《东大寺文书》《朝野群载》及《类聚符宣抄》等。

朴智秦造　《孝德纪》有朴智秦造田来津，《天智纪》作小山下秦造田来津。

小山下秦造　（见前）

依智秦公　据《姓氏家系辞书》，见于《东大寺文书》及《朝野群载》等。

依智秦宿祢　据《姓氏家系辞书》，见于《朝野群载》，当为依智秦公之赐姓者。

簧秦画师　据《姓氏家系辞书》，见于天平胜宝九年之西南角领解。

簧秦氏　据《姓氏家系辞书》，见于天平宝字二年之书工司移。

秦氏　《书纪》：元庆元年十二月，近江国浅井郡人阴阳权允正八位下秦经尚，移贯山城国葛野郡。

和泉国

秦胜　《姓氏录·和泉诸蕃》：秦胜，秦忌寸，太秦公宿祢同祖，融通王之后也。

秦忌寸　（见前）

秦氏　据《姓氏家系辞书》，神名式中和泉郡秦氏列于波多神社及波太神社等。

美浓国

秦公　据《姓氏家系辞书》，见于《正仓院文书》。

秦人　据《姓氏家系辞书》，美浓国之半布里户籍有廿一户，其他肩肩里户籍等亦不少。

秦人部　据《姓氏家系辞书》，散见于半布里户籍、三井田户籍、春部里户籍等。

秦氏　《书纪》：承和元年九月，僧正传灯大法师位护命卒，法师俗姓秦氏，美浓国各务郡人。

摄津国

秦忌寸　《姓氏录·摄津诸蕃》：秦忌寸，大秦公宿祢同祖，功满王之后也。

秦人　《姓氏录·摄津诸蕃》：秦人，秦忌寸同祖，弓月王之后也。

辟秦　《书纪》：承和四年九月，摄津国人右卫门医师辟秦真身等，赐姓秦胜。

秦胜　（见前）

秦氏　据《姓氏家系辞书》，见于《和名抄》。

井手氏　《书纪》：神护景云三年五月，摄津国丰岛郡人正七位上井手小足等十五人，赐姓秦井手忌寸。是井手氏之赐姓秦井手忌寸者。

秦井手忌寸　（见前）

若狭国

秦胜　《书纪》：贞观十年三月，节妇若狭国三方郡人秦胜纲刀自，叙位二阶，免户内租，以表门闾。

伊势国

秦部 《书纪》：天平胜宝四年十月，伊势国饭野郡人饭麻吕等十七人，赐秦部姓。是某氏之赐姓秦部者。

秦氏 《书纪》：元庆七年十月，伊势国饭野郡神户百姓秦真成……

下野国

秦部 《书纪》：齐衡元年三月，赐下野国节妇秦部总成女，爵二级，复终其身，旌表其门闾；总成女者，秦部正月满之妇也。

备前国

秦部 据《姓氏家系辞书》，见于宝龟五年三月十二日沙弥勘籍启。

秦造 据《姓氏家系辞书》，见于《正仓院文书》。

秦氏 《书纪》：文武二年四月，侏儒备前国人秦大允赐姓香登臣。是秦氏之赐姓香登臣者。

香登臣 （见前）

丰前国

秦部 据《姓氏家系辞书》，丰前国塔里户籍六十六人加目久也里户籍二十六人，丁里户籍二百四十余人。

筑前国

秦部 据《姓氏家系辞书》，见于川边里户籍。

周防国

秦人 据《姓氏家系辞书》，见于玖珂乡户籍，有九十五人。

秦子 据《姓氏家系辞书》，见于玖珂乡户籍。

秦氏 据《姓氏家系辞书》，见于玖珂乡户籍。

越前国

秦人部 《书纪》：延历二年纪，有越前国人外正七位上秦人部武志麻吕。

秦曰佐　据《姓氏家系辞书》，见于天平神护二年之《越前国司解》。

秦下　据《姓氏家系辞书》，见于天平神护二年之《越前国司解》。

秦井出　据《姓氏家系辞书》，见于天平神护二年之《越前国司解》。

秦前氏　据《姓氏家系辞书》，见于《正仓院文书》。

秦氏　据《姓氏家系辞书》，见于天平神护二年之《越前国司解》。

越中国

秦人部　据《姓氏家系辞书》，见于《越中国官舍纳谷交替记》。

秦忌寸　据《姓氏家系辞书》，见于《越中国官舍纳谷交替记》。

秦氏　据《姓氏家系辞书》，见于天平宝字三年十一月十四日至东大寺越中国诸郡庄园总卷。

备中国

秦人部　据《姓氏家系辞书》，见于《大税负死亡人帐》。

丹波国

秦曰佐　据《姓氏家系辞书》，见于船井郡幡曰佐神社神名式。

秦氏　据《姓氏家系辞书》，见于《类聚国史》。

伊豫国

秦毗登　《书纪》：天平神护二年三月，伊豫国人秦毗登净足，赐姓阿倍小殿朝臣（按，此疑有误，盖阿倍自有阿倍氏族，与秦氏无关）。

出羽国

秦忌寸　《书纪》：元庆四年二月纪，有出羽努师秦忌寸能人。

三河国

秦氏　据《姓氏家系辞书》，见于《和名抄》。

远江国

秦氏　《书纪》：承和十四年八月纪，有远江国蓁原郡人秦成女。

骏河国

秦氏　据《姓氏家系辞书》，见于《和名抄》。

秦达布连　据《姓氏家系辞书》，见于《天平十年之骏河国正税帐》。

相模国

秦氏　见于《和名抄》。

武藏国

秦氏　见于《和名抄》。

常陆国

秦氏　见于《和名抄》。

上野国

秦氏　见于《和名抄》。

佐渡国

秦氏　见于《和名抄》。

但马国

秦氏　见于《和名抄》。

出云国

秦氏　见于《和名抄》。

美作国

秦氏　《书纪》：贞观七年十一月，美作国久米郡人秦丰永，天性孝行，志在恭顺，幼稚之年，致养二亲，父母亡后，常守坟墓，叙位三阶，免司籍课役，表门闾，令众庶知焉。

淡路国

秦氏　见于《和名抄》。

阿波国

秦氏　见于阿波国板野郡户籍。

志摩国

秦氏　《书纪》：贞观十年纪，有志摩国掌秦氏。

以上共三十六国。

按据《姓氏录》，则秦氏之系图如下：

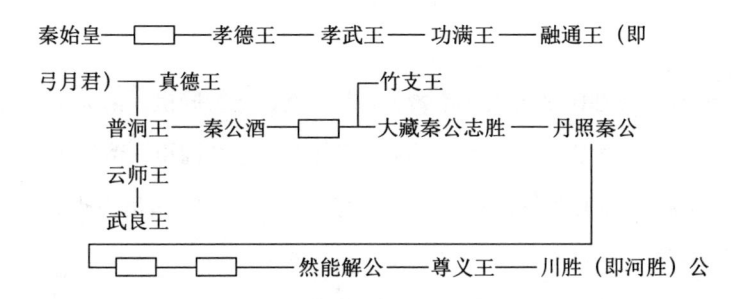

```
秦始皇─┬─孝德王──孝武王──功满王──融通王（即
弓月君）├─真德王──┬─竹支王
　　　　├─普洞王──秦公酒──┼─大藏秦公志胜──丹照秦公
　　　　├─云师王
　　　　├─武良王
　　　　└─┬──┬─然能解公──尊义王──川胜（即河胜）公
```

其他尚有所谓四世孙法成王者。又据《书纪》，仁和三年时原宿祢春风自言为秦始皇十一世孙功满王之后，又元庆七年十二月纪惟宗朝臣永原等忽又自言为秦始皇十二世孙功满王子融通王之苗裔。所谓功满王是否亦普洞王之后？又何以功满王谓为秦始皇十二世孙，与《姓氏录》所载相去竟差八世？要之，均不可信也。

又据山城广龙寺（即秦造河胜所造之峰冈寺）来由记之秦氏系图，又不同，今并录之，以资参考，如下：

秦始皇帝──故亥皇帝──孝武皇帝──竺区宋孙王──法成王──

功满王—融通王—普洞王—酒秦公—意美秦公—忍秦公—丹照秦公—河秦公—国胜秦公—川胜秦公（即秦造河胜）

"故亥"当为"胡亥"之误，盖日本"故""胡"同音，然则流寓于日本之秦氏族，悉胡亥之后也。而据《姓氏录》，功满王并未言为胡亥之后，胡亥之后，另有己智氏在焉。

称秦太子胡亥之后者：

己智　《姓氏录·大和诸蕃》：己智，出自秦太子胡亥也。

山村忌寸　《姓氏录·大和诸蕃》：山村忌寸，己智同祖，古礼公之后也。

樱田连　《姓氏录·大和诸蕃》：樱田连，己智同祖，诸齿王之后也。

三林公　《姓氏录·大和诸蕃》：三林公，己智同祖，诸齿王之后也。

据山村　樱田之条，则胡亥之后有所谓古礼公，诸齿王也。

称秦氏之支庶者：

此外称秦之氏后者尚有二，可谓为秦氏之支庶。其一，据《姓氏家系辞书》，则山城国秦中家忌寸之后尚有松本氏、大西氏、祓川氏、羽仓氏、毛利氏等。其二，则为岛津氏。岛津氏者，惟宗忠久之后也，按岛津家传称忠久为源赖朝之子，为惟宗广言婿冒姓惟宗，是忠久原非秦裔惟宗氏之后；然此事久为日本史家所疑。《大日本史·源赖朝传》注称："东鉴粗载忠久事迹，而不言为赖朝子，据《除目大成钞》，久寿二年忠久以藤原赖长荐任播磨少掾，是时赖朝年仅八岁，其非赖朝子明矣。"吉见系图：赖朝乳人比企局，比武州比企郡少领扫部允妻女也；嫡女在京，初奉仕二条院，号丹复内侍，无双歌人也；密通惟宗广言，生忠久。是忠久为惟宗广言子，现日本史家承认是说。所谓岛津氏，盖由日向国诸县郡岛津庄之下司职而起，镰仓幕府初期惟宗忠久为此庄下司职，子孙极荣，支庶甚众，如宗氏、伊势氏、镰田氏、町田氏、末弘氏、原氏、大野氏、中浩氏、阿苏谷氏、伊集院氏、知览院氏、北卿氏、给黎氏、姶良氏、碇山氏、川上氏、上总氏、石坂氏、新纳氏、桦山氏等皆是也。

其称秦氏之后及其支庶，可知者大略如是。

六

称汉之后者：

诸姓中称汉之苗裔者，有曰高祖之后，有曰光武之后，有曰灵帝之后，有曰献帝之后；而其最早者为文氏。文氏分文首与文直，文首居河内，故称河内文，而河内在西，故又称西文；文直居大和，大和在东，故称东文。《书纪》："延历十年四月文忌寸最弟等言：文忌寸等，元有二家，东文称直，西文称首，相比行事，其来远焉。"又，同纪："最弟等言，汉高帝之后曰鸾，鸾之后王狗，转至百济，百济久素王时，圣朝遣使征召文人，久素王即以狗孙王仁贡焉；是文，武生等之祖也。"《古语拾遗》：于轻岛丰明朝（即应神朝。盖应神都轻岛丰明宫，故称），百济王贡博士王仁，是河内文首始祖也；故西文氏称汉高祖之后。《书纪》：延历四年六月，坂上大忌寸苅田麻吕等上表言，臣等本是后汉灵帝之曾孙阿智王之后也，而《古语拾遗》称"汉直（即文直）祖阿知使主（即阿智王）率十七县民来朝焉"，故东文氏称后汉灵帝之后（据浅羽本坂上系图，则为献帝之后，然献帝固灵帝之子，是称灵帝也可，称献帝也可；且吾人之目的在知其为中国流寓人及其苗裔而已，其称某帝之后，根本不可信。既如前述，而所以仍旧称者，为便于编配耳）。今为便利计，即以其所称为某某之后者，分列如次：

（一）汉高祖之后

文首 《古事记》：和尔吉师（即王仁）者，文首等祖。《书纪》：王仁者，是书首（"书首"即"文首"。盖曰古语"文"与"书"通）等之始祖也。《古语拾遗》：百济王贡博士王仁，是河内文首祖也。至于王仁之为汉高祖后，说见前。

文连 《书纪》：天武十二年，书首（即文首）根麻吕，赐姓曰连。是文首之赐姓连者。

文忌寸 《书纪》：天武十四年，书连（即文连）根麻吕。赐姓曰忌寸。是后又赐姓忌寸也。

文宿祢 《书纪》："延历十年四月，左大史正六位上文忌寸最弟，播磨少目正八位上武生连真象等言，文忌寸等，元有二家，东文称直，西文号首，相比行事，其来远焉；今东文举家既登宿祢，西文漏恩，犹沉忌寸；最弟等幸逢明时，不蒙曲察，历代之后，申理无由，伏望同赐荣号，永贻孙谋。有勅责其本系。最弟等言，汉高帝之后曰鸾，鸾之后王狗，转至百济；百济久素王时，圣朝遣使征召文人，久素王即以狗孙王仁贡焉；是文，武生等之祖也。于是最弟及真象等八人，赐姓宿祢。"是文忌寸及武生连等之赐姓文宿祢者也。

又，《姓氏录·左京诸蕃》：文宿祢，出自汉高皇帝之后鸾王也。

武生连 （见前）

马毘登 《书纪》：天平神护元年十二月，右京人外从五位下马毘登国人，河内国古市郡人马毘登益人等四十四人，赐姓武生连。是武生连原姓马毘登。

注：毘登原姓为首，后因圣武天皇名首，故于天平胜宝九年改为毘登，避讳故也。

武生宿祢 《姓氏录·左京诸蕃》：武生宿祢，王仁孙河浪古首之后也。此当为武生连之赐姓宿祢者。

厚见连 《书纪》：天平神护元年九月，河内国古市郡人正七位下马毘登夷人，右京人正八位下马毘登中成等赐姓厚见连。是马毘登又有赐姓厚见连者。

净野宿祢 《书纪》：延历十六年二月，从五位下净野宿祢最弟为兼缝殿头。按六年前最弟原姓文忌寸（见前文忌寸条），此时曰净野宿祢，是由文忌寸而赐姓净野宿祢也。

樱野首 《姓氏录·左京诸蕃》：樱野首，王仁孙河浪古首之后也。

栗栖首 《姓氏录·右京诸蕃》：栗栖首，文宿祢同祖，王仁之后也。

古志连 《姓氏录·和泉诸蕃》：古志连，文宿祢同祖，王仁之后也。又，河内诸蕃亦有同样条文。

高志毘登 《书纪》：天平神护二年四月，和泉国人外从五位下高志毘登（高志即古志，日语"高""古"同音）若子麻吕等五十三人，赐姓高志连。是高志连原姓高志毘登也。

高志氏 《书纪》：天平胜宝元年二月，大僧正行基和尚迁化，和尚药师寺僧，俗姓高志氏，和泉国人也。

高道连 《姓氏录·河内诸蕃》：高道连，出自汉高祖男齐悼惠王肥之后也。

玉作氏 《书纪》：弘仁二年正月，河内国人从八位上玉作鲷钓，赐姓高道连。是高道连原姓玉作。

注：玉作原为一种职业，即制玉器者。

高道宿祢　据《书纪》，仁明天皇时高道连鲷钓，改作高道宿祢鲷钓，是由连而又赐姓宿祢也。

桧前村主　《姓氏录·右京诸蕃》：桧前村主，出自汉高祖男齐王肥也。

下曰佐　《姓氏录·河内诸蕃》：下曰佐，出自汉高祖男齐悼惠王肥也。

丰冈连　《姓氏录·大和诸蕃》：丰冈连，出自汉高祖苗裔伊须久牟治使主也。

（二）光武之后

八户史　《姓氏录·河内诸蕃》：八户史，出自后汉光武帝孙章帝之后也。

八户连　据《姓氏家系辞书》，见于《拾芥抄》。

八户宿祢　据《姓氏家系辞书》，见于《姓名录抄》《拾芥抄》等。

常澄宿祢　《书纪》：元庆三年十月，河内国高安郡人常陆权少目从八位上常澄宿祢秋雄，权史生从八位上常澄宿祢秋常，河内国检非违使从七位下八户史野守，安艺医师从八位上常澄宿祢□吉……六人，赐姓高安宿祢；秋雄等自言，先祖后汉光武皇帝孝章皇帝之后也；裔孙高安公阳倍，天万丰日天皇（孝德）御世，立高安郡，阳倍二字，意与八户两字语相涉，后仍赐八户史姓。

高安宿祢　（见前）

高安公　（见前）

高安造　《姓氏录·河内诸蕃》：高安造，八户史同祖；尽达王之后也。

毘登户 《书纪》：天平神护二年十月，河内国人毘登户东人等九十四人，赐姓高安造。是高安造之先姓毘登户。

下村主 《姓氏录·左京诸蕃及右京诸蕃》均曰：下村主，后汉光武帝七世孙慎近王之后也。

春泷宿祢 《书纪》：承和三年闰五月，河内国人美浓国少目下村主氏成等，赐姓春泷宿祢，其先出自后汉光武帝之后者也。

春井连 《姓氏录·河内诸蕃》：春井连，下村主同祖，后汉光武帝七世孙慎近王之后也。

武近史 《姓氏录·河内诸蕃》：武近史，春井连同祖，慎近王之后也。

河内造 《姓氏录·河内诸蕃》：河内造，春井连同祖，慎近王之后也。

河内午人刀子作 《书纪》：养老四年六月，河内国若江郡人正八位上河内尔人刀子作广麻吕，改赐下村主姓，免杂户号。是下村主之先姓河内尔人刀子作。

（三）后汉灵帝之后

称后汉之苗裔者，以坂上氏、大藏氏、丹波氏等为最显贵，彼等虽或曰灵帝后，或曰献帝后，然称为阿智王之后则一致，且阿智王之裔亦独多，故阿智王之裔自为一段焉。以下所列，只为直接称灵帝之后，或灵帝其他子孙之后者。

内藏朝臣 《书纪》：承和六年七月，右京人散事从四位下内藏宿祢影子，右卫门大尉正六位上内藏宿祢高守，散位从六位上井门忌寸诸足，山口忌寸永嗣，大藏宿祢雄继，大藏忌寸继长，从八位下桧原宿祢总通等男女十二人，赐姓内藏朝臣，影子雄继等远祖高守，后汉灵帝之苗裔。是内藏宿祢、井门忌寸、山口忌寸、大藏宿祢、大藏忌寸、桧原宿祢等；赐姓内藏朝臣者。

内藏宿祢　（见前）

井门忌寸　（见前）

山口忌寸　（见前）

大藏忌寸　（见前）

大藏宿祢　（见前）

桧原宿祢　（见前）

文部谷直　《书纪》：贞观六年八月……后汉孝灵帝后，坂上大宿祢之氏族，有姓文部谷直者。

若江造　《姓氏录·右京诸蕃》：若江造，出自后汉灵帝苗裔奈率张安力也。

若江宿祢　据《姓氏家系辞书》，见于《除目大成抄》《姓名录抄》等。

若江氏　据《姓氏家系辞书》，见于《朝野群载》《外记日记》等。

大原史　《书纪》：贞观五年九月，右京人主计权少属从八位上大原史弘原等，赐姓宿祢；其先出自后汉孝灵帝之后丽王也。

大原宿祢　（见前）

丹波史　《姓氏录·左京诸蕃》：丹波史，后汉灵帝八世孙孝日王之后也。

以上诸姓中，如内藏宿祢、大藏宿祢、丹波史等均又称阿智王之后，而文部谷直、桧原宿祢等亦称与坂上同祖，是均可列为阿智王之后也。

（四）献帝之后

广原忌寸　《姓氏录·河内诸蕃》：广原忌寸，出自后汉孝献帝男都德王也。

常宗忌寸　《姓氏录·左京诸蕃及河内诸蕃》均曰：常宗忌寸，出自后汉献帝四世孙山阳公之后也。

常宗宿祢　见于《书纪·嵯峨纪》，当为忌寸之赐姓宿祢者。

安墀宿祢　《书纪》：承和四年三月，右京人遣唐知乘船事槻本连良栋等赐姓安墀宿祢，其先出自后汉献帝也。

槻本连　（见前）

春良宿祢　《书纪》：承和四年十二月近江国人左兵卫权少志志贺史常继，左卫门少志锦部村主药麻吕，越中少目锦部忌寸人胜，太政官史生大友村主弟继等，赐姓春良宿祢；常继之先，后汉献帝苗裔也。

志贺史　（见前）

锦部村主　（见前）

锦部忌寸　（见前）

大友村主　（见前）

志贺忌寸　《姓氏录·摄津诸蕃》：志贺忌寸，出自后汉孝献帝也。

永野忌寸　《书纪》：承和四年二月，近江国人散位永野忌寸石友等，改本居贯附左京，石友之先，后汉献帝苗裔也。

台忌寸　《姓氏录·右京诸蕃》：台忌寸，河内忌寸同祖，汉孝献帝男白龙王之后也。

三津首　《元亨释书》：释最澄，三津氏，近州滋贺郡人也，其先东汉献帝之孙，国亡，窜民间，吾应神之历，遥慕王化而至，上怜其王孙，赐滋贺地为采地。又，《九条佛阁抄》《后传法记》云，先师最澄禅，父三津百枝者，后汉孝献帝玄孙高万贵王子也，我朝轻岛明宫御宇，遥慕皇道，归帝德，令居江州志贺郡三津滨，赐姓为三津首，号百枝。

(五) 甲 阿智王之后

称阿智王之后者甚众，盖阿智王之子孙繁盛，今据坂上系图，列表如下：

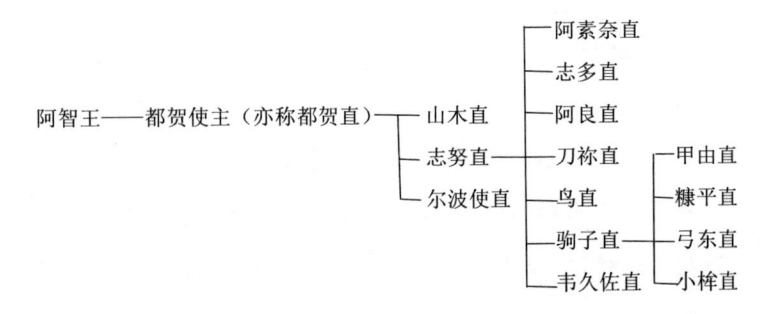

```
                                                    ┌─ 阿素奈直
                                                    ├─ 志多直
                                         ┌─ 山木直 ─┼─ 阿良直
阿智王 ── 都贺使主（亦称都贺直）─┼─ 志努直 ─┼─ 刀祢直 ─┬─ 甲由直
                                         └─ 尔波使直 ├─ 鸟直     ├─ 糠平直
                                                    ├─ 驹子直   ├─ 弓东直
                                                    └─ 韦久佐直 └─ 小桙直
```

至《丹波氏系图》，则志努直之下与前者有异，并录如下：

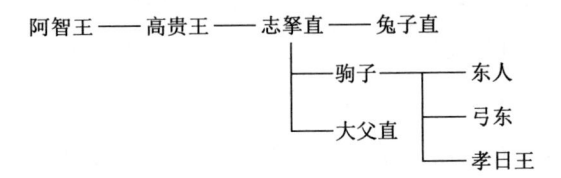

```
阿智王 ── 高贵王 ── 志拏直 ─┬─ 兔子直
                           ├─ 驹子 ─┬─ 东人
                           └─ 大父直 ├─ 弓东
                                   └─ 孝日王
```

《大藏氏系图》又作：

阿知使主 ── 高贵王 ── 山本直

《浅羽本坂上系图》则更异：

献帝延王 ── 石秋王 ── 阿智使主 ── 都贺使主 ── 高尊

王——都贺直——阿多倍王——志努直——驹子直——弓东

今先列其称阿智王之后者，而后及称其子孙之后者。

山口朝臣　《书纪》：承和十四年闰三月，右京人右少史从六位下山口忌寸丰道等五人，并改忌寸，赐朝臣焉；丰道等，后汉灵帝曾孙阿智王之苗裔也。

山口忌寸　（见前）

内藏宿祢　《书纪》：天长十年三月，大外记从六位上内藏忌寸秀嗣等，并赐宿祢姓，秀嗣之先，出自后汉灵帝曾孙阿智王，洎誉田天皇驭寓之年归化者也。

内藏忌寸　（见前）

坂上宿祢　《书纪》：延历四年六月，右卫士督从三位兼下总守坂上大忌寸苅田麻吕等上表言，臣等本是后汉灵帝之曾孙阿智王之后也，汉祚迁魏，阿智王因神牛教，出行带方，忽得宝瑞带，其像似宫城，爰建国邑，育其人庶，后召父兄告曰，吾闻东国有圣主，何不归从乎，若久居此处，恐取覆灭，即携母弟迁兴德及七姓民归化来朝，是则誉田天皇御世也；于是阿智王奏请曰，臣旧居在带方，人民男女皆有才艺，近者寓于百济高丽之间，心怀犹豫，未知去就，伏愿天恩，遣使追召之；乃勅遣臣八股氏分头发遣，其人民男女，举落尽使随来，永为公民，积年累代，以至于今，今在诸国汉人，亦是其后也；臣苅田麻吕等，失先祖之王族，蒙下人之卑姓，望请改忌寸，蒙赐宿祢姓，诏许之；坂上、内藏、平田、大藏、文、调、文部、谷、民、佐太、山口等十一姓十六人，赐姓宿祢。

《大日本史》：坂上苅田麻吕，阿智使主后也，祖父大国，父犬养，少以武力称，圣武帝甚宠昵之，至从四位下左卫士督，宝字初历播磨大和守；苅田麻吕，宝字中为授刀少尉，惠美仲麻吕反，苅田麻吕奉诏，与将曹牡鹿岛足，射杀训儒麻吕，以功授从四位下，赐姓大忌寸，补中卫少将，兼甲斐守，神护中授勋二等，赐功田二町，传其子，宝龟中以告道镜奸计，叙正四位下，为陆与镇守将军，补中卫中将，兼安艺守，数年兼丹波守，天应元年兼右卫士督，历兼伊豫备前等守，坂上氏世以武显，苅田麻吕善骑射，宿卫宫掖，历事数朝，帝殊宠遇，别赐封五十户，四年兼下总守，叙从三位，是岁为左京大夫，五年薨，年五十九。

又，《大日本史》：坂上田村麻吕，左京大夫苅田麻吕子也，身长五尺八寸，眼如苍隼，须髯如金线，有膂力，延历中叙从五位下，为近卫将监，兼内匠助，进近卫少将，兼越后守，帝将征虾夷，田村麻吕与从五位上百济俊哲赴东海道，阅士马，检戎器，俄为征夷副使，从大将军大伴弟麻吕讨虾夷，杀略甚多，以功进从四位下，兼木工头，任陆奥出羽按察使，兼陆奥守镇守将军，寻拜征夷大将军，奉勒检校诸国夷俘，二十年陆奥虾夷复反，授节刀讨之，及凯旋除从三位，迁近卫权中将，二十一年筑陆奥胆泽城，镇压虾夷，二十二年又赴陆奥，筑志波城，及辞见，赐彩帛五十匹绵三百屯，还为刑部卿，二十三年再为征夷大将军，明年任参议，大同初任中纳言，兼中卫大将，余官如故，二年改中卫府为右近卫府，田村麻吕居府如旧，兼侍从兵部卿，进正三位，尚侍药子之变，下敕固三关，田村麻吕居兵府，威望素显，帝恐其为太上皇用，遽进大纳言，以固其心，弘仁二年薨于粟田别业，年五十四，赐绅布米及役夫二百人，帝不视事一日遣大舍人头藤原缦麻吕，治部少辅秋篠全继，就第传宣，赠从二位，赐山城宇治郡栗栖村水陆田山林三町为墓地，使其尸立棺中，向平安城而葬之，并甲胄剑矛弓箭糒盐瘞之，官使监护其事，是后国家将有事，则其墓鸣动云，大将每出征，先诣而祷焉，其所佩剑，藏诸御府，曰坂上宝剑，帝亲赞其像，深哀惜焉，子广野、净野，广野少以武勇闻，执直不挠，颇有节操，净野，少承家风，武艺绝伦，广野子当道，少好武事，便弓马，兼有才调，轻财重义，在任有清理之称，境内肃如，民夷安之，居贫无资，临棺敛所有唯布衾一条，而遗爱永存于州人云。①

坂上氏之氏系，除上列之上段外，今更续如次：

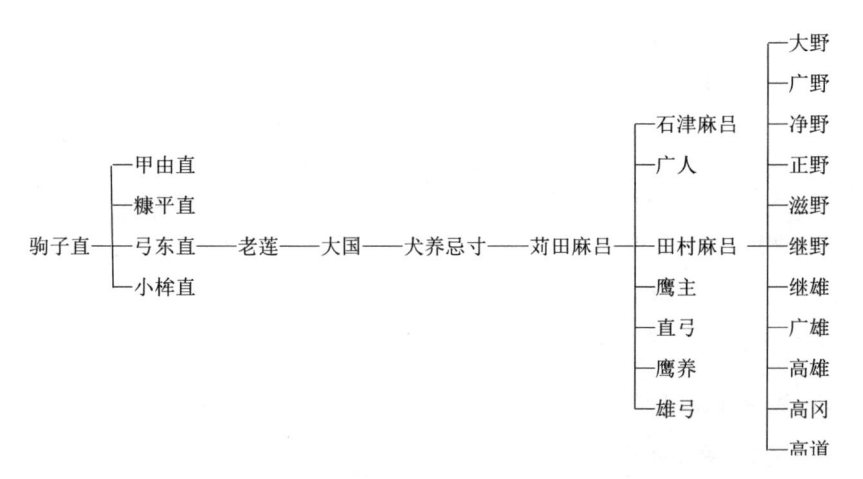

```
                                        ┌石津麻吕    ┌大野
                                        │            ├广野
                  ┌甲由直                ├广人        ├净野
                  │                     │            ├正野
驹子直 ── ┤糠平直 ── 弓东直 ── 老莲 ── 大国 ── 犬养忌寸 ── 苅田麻吕 ── 田村麻吕 ── ┤滋野
                  │                     ├鹰主        ├继野
                  └小桦直                │            ├继雄
                                        ├直弓        ├广雄
                                        ├鹰养        ├高雄
                                        └雄弓        ├高冈
                                                     └高谐
```

坂上氏之支庶，据坂上系图：尚有相贺氏、安达氏、生地氏、榎井氏、匝瑳氏、庄屋氏、田村氏、治垂氏、武射氏、村治氏、冈田氏、石河氏、足立氏、清水氏、村山氏、丹波氏等，而以丹波氏为最显。丹波氏有赐姓史者，宿祢者，朝臣者，世业医，显者如康赖之针博士，雅忠之医博士。《大日本史》：丹波雅忠，阿智使主裔也，世居丹波，曾祖康赖赐姓丹波宿祢，以医术著，任右卫门佐，兼针医博士，永观中著《医

---

① 按：此处引文一逗到底，未用其他标点符号。为保持文献原貌，未作改动。

心方》三十卷，祖重雅为典药头侍医，父忠明亦为典药头侍医，敕改姓宿祢，赐朝臣，雅忠继父祖业，为权医博士，永承中帝违豫，雅忠进药有效，褒授从四位下，为侍医叙正四位下，应德初，至典药头右卫门佐，承历中高丽王妃疾，以厚币求雅忠，朝廷不许，有扁鹊何入鸡林之语，自是世称雅忠为日本扁鹊，宽治二年卒，年六十八，子忠康重康，忠康亦为典药头，重康为侍医，子孙仕以医仕。

坂上忌寸　（见前）

平田忌寸　（见前）

平田宿祢　（见前）

文忌寸　（见前）

文宿祢　（见前）

调忌寸　（见前）

调宿祢　（见前）

谷忌寸　（见前）

民忌寸　（见前）

民宿祢　（见前）

佐太忌寸　（见前）

佐太宿祢　（见前）

山口宿祢　（见前）

大藏氏　大藏氏之支庶，据大藏系图，有秋月、新井、天草、岩门、大屋野、右马、加摩、龟崎、海头、龟川、北乡、木原、鞍平、桑田、坂井、田村、田尻、砥上、新宫、纳富、早良、长岛、原田、别府、三原、席田、本砥、山口、安永、米生、或水、汤江、山田等诸氏。

火抚直 《姓氏录·河内诸蕃》：火抚直，后汉灵帝三世孙阿智使主之后也。和泉诸蕃中亦有同样记载。

木津忌寸 《姓氏录·左京诸蕃》：木津忌寸，后汉灵帝三世孙阿智使主之后也。

藏人 《姓氏录·摄津诸蕃》：藏人，石占忌寸同祖，阿智王之后也。按《古语拾遗》：至于后磐余稚樱（应神）朝，三韩贡献，弈世无绝，斋藏之傍，更建内藏，分收官物，仍令阿知使主与百济博士王仁，记其出纳，始更定藏部。此等藏人均阿智王部之裔也。

石占忌寸 （见前）

苇屋汉人 《姓氏录·摄津诸蕃》：苇屋汉人，石占忌寸同祖。阿智王之后也。

高安忌寸 《姓氏录·未详杂姓河内之部》：高安忌寸，阿智王之族也。

桧前忌寸 《姓氏录·摄津诸蕃》：桧前忌寸，石占忌寸同祖，阿智王之后也。

池边直 《姓氏录·和泉诸蕃》：池边直，坂上大宿祢同祖，阿智王之后也。

木津忌寸 《姓氏录·左京诸蕃》：木津忌寸，后汉灵帝三世孙阿智使主之后也。

栗栖直 《姓氏录·和泉诸蕃》：栗栖直，火抚直同祖，阿智王之后也。

乙　都贺直之后

佐太宿祢 《姓氏录·右京诸蕃》：佐太宿祢，坂上大宿祢同祖，都贺直三世孙兔子直之后也。

亩火宿祢 《姓氏录·右京诸蕃》：亩火宿祢，坂上大宿祢同祖，都贺直三世孙大人直之后也。而《坂上系图》引《姓氏录》则曰：志努直之第四子刀祢直是亩火宿祢等祖也。

谷宿祢 《姓氏录·右京诸蕃》：谷宿祢，坂上大宿祢同祖，都贺直四世孙宇多直之后也。

路宿祢 《姓氏录·右京诸蕃》：路宿祢，坂上大宿祢同祖，谷宿祢同祖。

平田宿祢 《姓氏录·右京诸蕃》：平田宿祢，坂上大宿祢同祖，都贺直五世孙色夫直之后也。

丙 山木直之后

桧前直 《坂上系图》引《姓氏录》曰：山木直者是桧前直、桧原宿祢、东文部忌寸、文部谷忌寸、门忌寸、轻忌寸、狩忌寸、韩忌寸、栗村忌寸、国觅忌寸、长尾忌寸、夏身忌寸、平田忌寸、路忌寸、田井忌寸、高田忌寸、民忌寸、蓼原忌寸、新家忌寸、文部冈忌寸、小谷忌寸等廿五姓之祖也。

桧原宿祢 （见前）

东文部忌寸 （见前）

文部谷忌寸 （见前）

门忌寸 （见前）

轻忌寸 （见前）

狩忌寸 （见前）

韩忌寸 （见前）

栗村忌寸 （见前）

国觅忌寸 （见前）

长尾忌寸 （见前）

夏身忌寸 （见前）

平田忌寸 （见前）

路忌寸 （见前）

田井忌寸 （见前）

高田忌寸 （见前）

蓼原忌寸 （见前）

新家忌寸 （见前）

文部冈忌寸 （见前）

小谷忌寸 （见前）

丁　志努直之后

田部忌寸　《坂上系图》：阿素奈直，《姓氏录》曰，中腹志努直之男阿素奈直是也，田部忌寸祖也。

仓门忌寸　《坂上系图》引《姓氏录》曰：志努直第二志多直，是仓门忌寸、黑丸直、国觅忌寸、斯佐直、林忌寸、拾忌寸、吴原忌寸、井上忌寸等十姓祖也。

黑丸直 （见前）

斯佐直 （见前）

林忌寸 （见前）

拾忌寸 （见前）

吴原忌寸 （见前）

井上忌寸 （见前）

郡忌寸　《坂上系图》引《姓氏录》曰：志努直第三子阿良直，是郡忌寸、河原忌寸、兴努忌寸、榎井忌寸、长尾忌寸、忍坂忌寸等七姓之祖也。

河原忌寸 （见前）

兴努忌寸 （见前）

榎井忌寸 （见前）

忍坂忌寸 （见前）

藏垣忌寸 《坂上系图》引《姓氏录》曰：志努直之第四子刀祢直，是藏垣忌寸、宙火忌寸等三姓之祖也。

酒人忌寸 《坂上系图》引《姓氏录》曰：志努直第五子岛直，是酒人忌寸祖也。

蚊屋忌寸 《坂上系图》引《姓氏录》曰：驹子直（即志努直第六子）第二子慷手直，是蚊屋宿祢、蚊屋忌寸等二姓祖也。

蚊屋宿祢 （见前）

坂上忌寸 《坂上系图》引《姓氏录》曰：驹子直第四子小桙直，是参河国坂上忌寸等祖也。

白石忌寸 《坂上系图》引《姓氏录》曰：志努直第七子韦久佐直，是白石忌寸祖也。

戊 尔波伎直之后

调忌寸 《坂上系图》引《姓氏录》曰：尔波伎直，是调忌寸、文宿祢、谷忌寸、文山口忌寸、山口宿祢、文山口忌寸、文池边忌寸、樱井宿祢、文忌寸等八姓之祖也。

谷忌寸 （见前）

文山口忌寸 （见前）

山口宿祢 （见前）

文池边忌寸 （见前）

（六）随阿智王来之汉人及七姓汉人之后

所谓七姓汉人者即段、李、皂郭、朱、多、皂及高。

刑部史 《坂上系图》引《姓氏录》曰：段姓，是刑部史、高向村主、高向史、高向调使、民使主首、评首等祖也。又，李姓亦曰刑部史之祖。

高向村主 （见前）

高向史 （见前）

高向调使 （见前）

高向氏 《大日本史》：高向玄理，初称高向汉人，又名黑麻吕，推古帝十六年小野妹子使于隋，时遣玄理等书生，受学于隋，玄理留学三十三年，舒明帝十二年还自唐，大化元年举国博士，位小德冠，二年使于新罗，俾贡其质，罢任那之调，逾岁而归，白雉五年为遣唐押使，与大使小锦下河边麻吕，副使大山下药师慧日等分乘二船，漂流数月，取道新罗，泊莱州，遂入长安见高宗，东宫监门郭文举历问皇朝舆地，国初神名，皆随问而答，卒于唐。

民使主首 （见前）

评首 （见前）

坂合部首 《坂上系图》引《姓氏录》曰：皂郭姓，是坂合部首、佐太首等祖也。

佐太首 （见前）

小市氏 《坂上系图》引《姓氏录》曰：朱姓，是小市、佐奈宜等祖也。

佐奈宜 （见前）

佐波多村主 《坂上系图》引《姓氏录》曰：皂姓，是佐波多村主、长幡部等祖也。

　　长幡部　（见前）

　　桧前调使　《坂上系图》引《姓氏录》曰：多姓，是桧前调使、桧前村主等祖也。又，高姓亦曰桧前村主之祖。

　　飞鸟村主　据《坂上系图》，为随阿智王来汉人之一。

　　饱波村主　（同上）

　　西大友村主　（同上）

　　大石村主　（同上）

　　金作村主　（同上）

　　甲贺村主　（同上）

　　危寸村主　（同上）

　　鞍作村主　（同上）

　　桑原村主　（同上）

　　佐味村主　（同上）

　　白鸟村主　（同上）

　　高宫村主　（同上）

　　茅治山村主　（同上）

　　长田村主　（同上）

　　长野村主　（同上）

　　西波多村主　（同上）

　　田村村主　（同上）

　　播磨汉人村主　（同上）

　　平方村主　（同上）

　　俾加村主　（同上）

尾张次角村主 （同上）

阿波汉人村主 （同上）

牟佐村主 （同上）

忍海村主 （同上）

（七）其他

高村宿祢 《姓氏录·右京诸蕃》：高村宿祢，鲁恭王之后青州刺史列宗王之后也。

田边史 《姓氏录·右京诸蕃》：田边史，出自汉王之后知聪也。

交野忌寸 《姓氏录·河内诸蕃》：交野忌寸，出自汉人庄员也。

大原史 《姓氏录·左右京及摄津诸蕃》：大原史，汉人西姓令贵之后也。

山背忌寸 《姓氏录·左京诸蕃》：山背忌寸，出自鲁国白龙王也。

真神宿祢 《姓氏录·大和诸蕃》：真神宿祢，出自汉福德王也。

伯祢氏 《姓氏录·河内诸蕃》：伯祢，出自西汉人伯尼姓光金也。

吉水连 《姓氏录·左京诸蕃》：吉水连，出自前汉郡人盖宽饶也。

滋善宿祢 《书纪》：贞观五年正月，从五位上行助教滋善宿祢宗人卒，宗人者左京人，本姓西姓人。

其他尚有带汉字姓者，如东汉直、川内汉直、东汉氏直、倭汉直荒田井、东汉长直、东汉草直、倭汉书直、汉山口直、东汉坂上直、汉部直、汉连、汉忌寸、汉人宿祢、汉氏、汉手人部、汉主、近江汉人、饱波汉人、大友汉人、忍海汉人、高汉人、西汉、西汉才伎等，散见于诸书。

七　称魏之后者

称魏之后者有二：曰，文帝之后，陈思王植之后；而以称陈思王植之后者为多。兹录如下。

（一）魏文帝之后

高向村主　《姓氏录·右京诸蕃》：高向村主，魏武帝太子文帝之后也。

郡首　《姓氏录·右京诸蕃》：郡首，高向村主同祖，政姓夫公之后也。

民使首　《姓氏录·山城诸蕃》：民使首，高向村主同祖，实德公之后也。

云梯连　《姓氏录·右京诸蕃》：云梯连，高向连同祖，实德公之后也。

高向连　（见前）

幡文造　《姓氏录·左京诸蕃》：幡文造，出自魏文帝之后也。

大岗忌寸　《姓氏录·左京诸蕃》：大岗忌寸，出自魏文帝之后安贵公，大泊濑幼武天皇（雄略）御时，率四县卒归化，男龙（一名辰贵），善绘工，小泊濑稚鹪鹩天皇（武烈）美其能，赐姓首，五世孙勤大惠尊，亦工绘才，天命开别天皇（天智）御世，赐姓倭画师，神护景云三年，依居地，改赐大岗忌寸姓。

倭书师　（见前）

（二）陈思王植之后

上村主　《姓氏录·摄津诸蕃》：上村主，广阶连同祖，陈思王植之后也。

又《左京诸蕃》：上村主，广阶连同祖，陈思王植之后也。又《右京诸蕃》：上村主，广阶连同祖，通刚王之后也。

上连　《书纪》：神护景云三年八月，河内国大县郡人从五位下上村主五百公赐姓上连。

上村主宿祢　据《姓氏家系辞书》，见于《姓名录抄》《拾芥抄》等。

上宿祢　据《姓氏家系辞书》，见于《姓名录抄》《拾芥抄》等。

锄田连　《灵书记》中卷：释智光者，河内国人，其安宿郡锄田寺之沙门也；俗姓锄田连，后改姓上村主，是上村主之先有姓锄田连者。

广阶连　《姓氏录·右京诸蕃》：广阶连，出自魏武帝男陈思王植也。

广阶宿祢　《书纪》：贞观八年闰三月，左京人左少史正六位上上村主八钓等，赐姓广阶宿祢；自言魏陈思王曹植之后也。

高根朝臣　《类聚国史》六十六：天长八年三月丙午，高根朝臣真象卒……天长元年改广阶连赐姓宿祢，三年，改广阶宿祢赐姓高根朝臣。

河原藏人　《姓氏录·河内诸蕃》：河原藏人，上村主同祖，陈思王植之后也。

河原连　《姓氏录·河内诸蕃》：河原连，广阶连同祖，陈思王植之后也。

河原毘登　《书纪》：神护景云三年九月，左京人从八位下河原毘登坚鱼等十人，河内国人河原藏人人成等五人，并赐姓河原连。是河原连之先为河原毘登。

河内画师　《姓氏录》河内诸蕃：河内画师，上村主同祖，陈思王植之后也。

御杖连　《书纪》：天年宝字三年十一月，造东大寺判官外从五位下河内画师祖足等十七人，赐姓御杖连。

筑紫史　《姓氏录·左京诸蕃》：籑紫史，陈思王植之后也。

竺志史　《姓氏录·摄津诸蕃》：竺志史，上村主同祖，陈思王植之后也。

野上连　《姓氏录·河内诸蕃》：野上连，河原连同祖，陈思王植之后也。

平松连　《姓氏录·右京诸蕃》：平松连，广阶连同祖，陈思王之后也。

八　称吴之后者

称吴之后者，并不专指三国时代之吴，盖亦泛指中国之称也；其所以有称者，大约以吴越近日本，当时交通比较易至，后遂相沿为指中国之统称。日本史籍《应神记》中有阿知使主遣使于吴求缝工女之事；《雄略纪》中又有身狭青主等使吴及吴使来之记事，曰："十四年春正月，身狭村主清等自吴还，与吴使及工女汉织，吴织，缝衣兄媛，弟媛共来，泊住吉津，是月，为吴使通矶齿津路，三月，迎吴使，处于桧隈野，以兄媛大三轮神，以弟媛为汉衣缝部，夏四月，飨吴使。"因此等传说，故日本现在统称布疋绸缎，犹曰吴服。谓吴遣使奉织女，其说自不足信，然吴越人有至日本而传织制之法者则必也。观其统称中国曰吴，则吴越与其有一度期间之密切关系可知。今列称吴之后者如下：

牟佐村主　按日本音"牟佐"与"身狭"同音，"牟佐"当为"身狭"之转写。《姓氏录》左京诸蕃牟佐村主，吴孙权男高之后也。《坂上系图》作随阿智王来汉人之一，见上。

蜂田药师　《姓氏录·和泉诸蕃》：蜂田药师，出自吴王孙权王也。

又蜂田药师，出自吴国人都久尔理久尔也。

和药使主　《姓氏录·左京诸蕃》：和药使主，出自吴国王照渊孙智聪也，天国排开广庭天皇（钦明）御世，随使大伴佐尼比古，持内外典药书，明堂图等百六十四卷，佛像一躯，伎药调度一具等入朝，男善那使主，天万丰日天皇（孝德）御世，依献牛乳，赐姓和药使主，奉度本方书一百三十卷，明堂图一卷，药臼一及伎药一具，今在大寺。是可为中国人传医术入日本之证。

和药宿祢　《书纪》：贞观六年八月，左京人右近卫将曹正六位上和药使主弟雄等，改使主赐宿祢，其先吴国人智聪也。

祝部　《姓氏录·右京诸蕃》：祝部，工造同祖，吴国人田利须须之后也。按祝部亦为一种职业之部民，其职为奉仕神社者。

工造（见前）。（按，工即指缝织者，日本古有衣缝部，其职为缝织，《书纪》：雄略十四年………以衣缝兄媛奉大三轮神，以弟媛为汉衣缝部，汉织吴缝衣缝是飞鸟衣缝部伊势衣缝之先也。）

额田村主　《姓氏录·大和诸蕃》：额田村主，出自吴国人天国古也。坂上系图作随阿智王来汉人之一，见上。

高向村主　《姓氏录·未详杂姓右京之部》：高向村主，吴国人小君王之后也。又作魏文帝之后，见上。

刑部　《姓氏录·河内诸蕃》：刑部，出自吴国人李牟意弥之后也。

九　称隋之后者

阳胡史　《姓氏录·左京诸蕃》：阳胡史，出自隋炀帝之后也。《书纪》：推古十年纪，阳胡史祖玉陈，习历法。

阳胡毘登　见于《书纪》神护景云二年纪中，当为阳胡史之改姓毘登者。

杨候忌寸　《姓氏录·左京诸蕃》：杨候忌寸，出自隋炀帝之后达率杨候阿了王也。

杨候直　《姓氏录·和泉诸蕃》：杨候直，杨候忌寸同祖，达率杨公阿了王之后也。

十　称唐人之后者[①]

伊吉史　《书纪》：承和二年九月，河内国人左近卫将监伊吉史丰宗，以及其同族总十二人赐姓滋生宿祢，唐人杨雍七世孙贵仁之苗裔也。

滋生宿祢　（见前）

伊吉连　《姓氏录·左京及右京诸蕃》均曰：伊吉连，出自长安人刘杨雍（左京条作刘家杨雍）也。

板茂连　《姓氏录·河内诸蕃》：板茂连，伊吉连同祖，杨雍之后也。

清川忌寸　《姓氏录·左京诸蕃》：清川忌寸，唐人正六位上卢如津入朝焉，沈惟岳同时也。

清海宿祢　《姓氏录·左京诸蕃》：清海宿祢，唐人从五位下沈惟岳之后也。《书纪》：宝龟十一年十二月，唐人从五位下沈惟岳，赐姓清海宿祢，编附左京。

[①]　按：原文此处未编序号，兹据前文序号顺补。

清海忌寸　《姓氏录·左京诸蕃》：清海忌寸，唐人正六位上沈庭四助入朝焉，沈惟岳同时也。

清山忌寸　《姓氏录·右京诸蕃》：唐人赐绿沈清庭之后也。

荣山忌寸　《姓氏录·左京诸蕃》：荣山忌寸，唐人正六位上晏子钦入朝，沈惟岳同时也。又：荣山忌寸，唐人正六位上徐公卿入朝，沈惟岳同时也。《书纪》：延历三年六月，唐人赐绿晏子钦，赐绿徐公卿等，赐绿荣山忌寸。又：延历六年四月，唐人王维倩，朱政等，赐姓荣山忌寸。

长国忌寸　《姓氏录·左京诸蕃》：长国忌寸，唐人正六位上大押官赐绿正税儿入朝焉，沈惟岳同时也。

嵩山忌寸　《书纪》：延历三年六月，唐人正六位上孟惠芝，正六位上张道光等，赐姓嵩山忌寸。

李忌寸　《书纪》：天平宝字五年十二月，唐人外从五位下李元环，赐姓李忌寸。

清宗宿祢　《姓氏录·左京诸蕃》：清宗宿祢，唐人正五位下李元环之后也。

江田忌寸　《书纪》：延历十年五月，唐人正六位上王希逸，赐姓江田忌寸。

千代连　《书纪》：天平六年九月，唐人陈怀玉赐姓千代连。

清村宿祢　《书纪》：宝龟九年十二月，玄蕃头从五位上哀晋卿，赐姓清村宿祢；晋卿，唐人也，天平七年随我朝使归朝，时年十八九，学得文选尔雅音，为大学音博士，后为大学头安房守。

新长忌寸　《姓氏录·左京诸蕃》：新长忌寸，唐人正六位上马清朝之后也。

八清水连　《姓氏录·右京诸蕃》：八清水连，出自唐左卫郎将王文度也。

春科宿祢　《书纪》：延历廿四年十一月，左京人正七位下净村（即清村）宿祢源言，父衰常照，以去天平宝字四年，奉使入朝，幸沐恩渥，遂为皇民，其后不幸，永背圣世，源等早为孤露，无復所恃，外祖父故从五位上净村宿祢晋卿，养而为子，依去延历十八年三月廿二日格，首露已讫，倘有天恩，无追位记，自天佑之，俱赐姓正物，国之徽章，伏请改姓名，为春科宿祢道直，许之。

十一　其他

松野连　《姓氏录·右京诸蕃》：松野连，出自吴王夫差也。

笔氏　《姓氏录·未详杂姓右京之部》：笔氏，燕相国卫满公之后也，善作笔，因兹赐笔姓。

赤染造　《姓氏录·河内诸蕃》：赤染造，出自燕国王公孙渊也。

常世连　《书纪》：天平胜宝二年九月，正六位上赤染造广足，赤染高麻吕等二十四人，赐姓常世连。

赤染氏　（见前）

温义氏　《姓氏录》摄津诸蕃：温义，北齐国温公高纬之后也。

其余尚有欧阳氏、黄氏、许氏、赵氏等，散见于诸书。

中国文字之流传日本与日本文字之形成

日本文字，无论晓与不晓，其与我国文字有深切关系，固无不一望而知也。谈中日两国历史上之善意关系者，每喜以同文同种为言。同种之论，且俟人种学者证之；兹试一究我国文字流传日本之历史及与日本文字之关系。

无论任何国或任何民族，在未有文字记录之先，必经一度记忆传颂时代，此记忆传颂时代之久暂，视其国或其民族文化进展之迟速而异；迟者久而速者暂，则惯例上然也。由记忆传颂时代以至于有文字记录时代，其间又为经一创成文字或继承他国文字之阶级；盖不先有文字，固不能即有文字之记录也。然则可依此次绳量日本文化进展之迟速。日本上古之有无文字一问题，曾于德川时代一部分学者间为剧烈之争辩；而远在西纪八〇八年，即日本之平城天皇大同三年，斋郎广成在其《古语拾遗》序中，固曾言："上古之世，未有文字，贵贱老少，口口相传，前言往行，传而不忘。"

日本上古之无文字，向所共认，待至镰仓初期（约我国南宋末期），卜部怀贤于《释日本纪》中云："先师说云，汉字传来本朝者，应神天皇御宇也。和字者，其起可在神代欤！龟卜之术，起自神代……无文字岂可成卜哉？"此说起后，一般神道者遂极力倡附之，谓果有神代文字。

至德川时代，所谓神代文字渐出，享保（西纪一七一六——一七三五）间迹部光海有《和字传来考》，元文（一七三六——一七四〇）间伊部安崇有《和文传来考附录》，宝历（一七五一——一七六三）间僧谛忍有伊吕波《字问辨》，天保（一八三〇——一八四三）间鹤峰戊申有《锲木文字考》等之作；而主之最力者为平田笃胤（一七七六——一八四二），其说见于《古史征》中之《神世文字论》及《神字日本传》。然同时代之伴信友，则力辟其谬；两人初为至友，因此而卒致绝交，其争辩之烈可知。至于所谓神代文字，大体不外两种方式，一为直线式，一为曲线式；直线式类朝鲜之谚文，曲线式类荷兰文，故近世学者即推定其为此两种文字之改作。关于神代文字之说，其伪谬早为现代学术界之定评，其显著之证，则日本上代若果有文字，则毫无借重中国文字之必要，而片平假名未创之先，所□文献①，悉中国文也；且根据历来之发掘，无论任何古物中，从不曾见有神代文字之迹。故关于此问题，自不必赘论，特以其于文字史中，曾一度牵起风波，且因此风波，愈足以证实无文字之确，自当一述耳。

一

日本上古之无文字，有之自中国文字传入始，已不成问题。然则中国文字之传入，究始于何时？据《神皇正统记》："孝灵天皇四十五年已卯，秦始皇即位，始皇好仙方，求长生不死之药于日本。日本亦求五

---

① 按：原文此处漏排一字，兹用"□"标示。

帝三王之书于彼国，始皇尽以赠之。其后三十五年，焚书坑儒，孔子诸经，悉留日本。此事异朝之书所载。"

其曰异朝，指中国耳，而中国之史籍，绝无此项记载，则其说之虚，不辩自解。至于其他记载，则《古事记》曰："此御世（指应神天皇）百济国主照古王，以牡马、牝马各一匹，并横刀大镜，付阿知吉师贡上；因谕百济，若有贤人，可贡上。百济受命，贡人名和吉师，并《论语》十卷，《千字文》一卷。"

日本史籍中关于文字传入之记载，以此为最早，然只四应神之世，而未及年月。《日本书纪》：

应神十五年秋八月壬戌朔丁卯，百济王遣阿直歧贡良马二匹，阿直歧亦能读经典，太子菟道稚郎子师焉。于是天皇问阿直歧曰：胜汝博士有耶？对曰：有王仁者，是秀也。时遣上毛野君祖荒田别巫别于百济，徵王仁也。十六年春二月，王仁来，太子菟道稚郎子师之，习诸经典于王仁，莫不通达。

据此，则王仁之来为应神十六年，然此书不言《论语》《千字文》，而谓太子习诸经典，所谓诸经典者何？究为《论语》《千字文》抑为诸经典？今且暂置此不论，并录其他史料，然后聚而研究之。《日本书纪》：

延历九年秋七月，图书头兼东宫学士伊豫守津连真道等上表言：真道等本系出自百济国贵须王……轻岛丰明朝御宇；应神天皇命上毛野远祖荒田别使于百济，搜聘有识者；国主贵须王恭奉使旨，择採宗族，遣其孙辰孙王，随使入朝，天皇嘉焉，特加宠命，以为皇太子之师矣；于是始传书籍，大阐儒风，文教之兴，诚在于此。

日本史籍所载如此。至于我国史籍则《隋书·倭国传》："倭……无文字，唯刻木结绳，敬佛法，于百济求得佛经，始有文字。"

《北史》亦有同样记载，殆即从《隋书》转录。又，《新唐书》："日本……有文字，尚浮屠法。"

又，《宋史》："日本国……应神天皇甲辰岁，始于百济得中国文字。"

综合上列诸史料以观，其可疑者滋多，今试一一加以讨论。其大致相同者，则典籍之传入为应神朝，然《古事记》不言某年，《日本书纪》谓王仁来于十六年，《宋史》谓甲辰，依日本旧史籍计算，甲辰当为十五年，大约《宋史》云云，即根据《日本书纪》之阿直歧亦能读经典，太子菟道稚郎子师焉一语，而定为十五年耳。然无论十五年也可，十六年也可，据日本旧史所列之年代，则十五、十六年为我国之晋太康五、六年，而西纪之二八四、二八五年，其时百济犹未立国；百济者，即马韩之后身，《晋书》惠帝太熙元年（西纪二九〇）犹有"马韩诣东夷校尉何龛上献"之言，其后于太康六年犹有五年，是其明证。百济之定国当在第四世纪初期（关于此点，请参照拙著《后汉刘宋间之倭史》第八、第九）。根于此，则所谓应神十五、十六年者或不误。然断不当我国之晋太康五、六年。日本旧史籍关于古代部分年代及记事多谬误，予曾于他文数论之，日人亦颇有言之者，然正确之年代，因其史料之根基不稳，故尚未易为精确之计算，若勉强言之，则应神之十五、十六年，据太田亮氏之《日本古代史新研究》所列年表，则当我国之东晋孝武帝宁康元、二年，而西纪之三七三、三七四年，此犹不过比较近于事实了,未可即以为准也。

　　年代既略明,当及人问题。《古事记》之所谓和迩吉师,即《书纪》之王仁,书和迩即王仁之译音,吉师为尊称而该记又言和迩吉师为文首之祖,《古语拾遗》亦曰"王仁是河内文首始祖"也。然则王仁究为何许人?据《日本书纪》延历十年文忌寸最弟及武生连真象等言:汉高祖之后曰鸾,鸾之后主狗转至百济;百济久素王时,圣朝遣史征召文人,久素王即以狗孙王仁贡焉。是王仁明为中国人也,然上列延历九年津连真道等上表所言辰孙王之事与王仁者绝类,然则是一是二?《大日本史》谓"疑非别人,而今无所考",意谓同人而异名也。若同人而异名,王仁之国籍当又发生疑问矣。日本史籍记古代之事,混淆不清如此。然据时代言,是时百济犹立国未久,未必其人即有能精通中国文者,且王仁之名姓,固中国人之名姓也。

　　次当论及典籍问题,《古事记》曰《论语》《千字文》;《书纪》曰诸典籍,又曰始传书籍;《隋书》曰佛经,《宋史》曰于百济得中国文字。所谓典籍,所谓书籍,所谓文字,均无从断定其何书,今且一论佛经,《论语》《千字文》问题。以书之成立先后言,则《隋书》早于《古事记》,一在唐武德五年(西纪六二二),一在和铜五年(唐景云三年,西纪七一二);通例其年代近者,所传较真,以此推之则《隋书》所言或当较可信,然《隋书》所言为异国事,且不书年代,则又未可尽据也。至于《古事记》之所谓《论语》《千字文》,何以《日本书纪》为同出一人之作而异书曰"诸经典"?其可疑一。其曰《千字文》,则尤露绝大破绽,余尝于《日本古代之中国流寓人及其苗裔》一文中第二节辨其谬,今节录如次:

　　按中国史籍,《千字文》之名,确自梁周兴嗣而始有,据《梁书》

本传，其成《千字文》之年代为天监元年至八年之间（西纪五〇二—五〇九），而距此十余年后之普通四年（西纪五二三）萧子范亦尝为《千字文》（见本传），此盖当时音韵盛兴之果也。周兴嗣之年代，距应神太远（约百余年），无可牵合，自不待论。近有正书局有所谓右军《千字文》墨宝者，首题："魏太尉钟繇《千字文》，右军将军王羲之奉敕书"，十八字中，"右军将军王羲之奉敕书"十字行势之整顺与字体之美妙，与怀仁集《圣教序》绝类，其余八字，字体虽亦美妙，而行势不整，"魏太尉"三字作一平行线，"钟繇"两字又另作一平行线，至"千字文"三字更显然为拼凑而非连贯而书，其伪乃判然矣。其所以有此伪作，盖既有怀仁集右军书之事于前，而又观于《梁书》"次韵王羲之书千字，使兴嗣为文"之语，乃故乱兴嗣原文，而强托为钟繇之作而右军书之，不知梁书其意明言为集王羲之所书千字，使兴嗣编配成韵文；右军原无《千字文》之书，钟繇更无《千字文》之作。故可断王仁当时所献并无《千字文》其书，其曰《千字文》者，撰史者所虚构耳。

要之，是否《佛经》，是否《论语》，无可考，而必无"千字文"；因《千字文》之说伪，其并提之《论语》，遂亦减其可信程度；惜乎佛经之说，无从确证，否则是非更易定也。然当时王仁渡日之事，颇可信，王仁之为中国人，亦无多大可疑，所谓辰孙王之事，殆为王仁之事，而误指辰孙耳。意者王仁之行，确携书籍与俱，因以教日人，盖其被征之目的，固在教也，教而必用书籍，无可疑焉，特不能谓为百济之献耳（《古事记》谓百济贡人并书），至所携书籍为何，事久失传，撰史者乃信手为书一二名以实之，其后八年其人（即太安万侣，《古事记》与《日本书纪》同出其手）更撰《日本书纪》时，发见《千字文》之时代谬误，乃与《论语》之名并去之，亦不言献书，而改曰"习诸典籍于王仁"，盖明知此种谬误，必不能逃后人之目，而《古事记》既已于八年前上献，势不能删改，虽有置之，致留此大破绽，乃近代日本学者，犹有斤斤为之力辩者，诚可笑也！

二①

应神之世，王仁自百济携书籍渡日以教日人，事既明矣，然不得遂谓中国文字于此时始传于日本也。依近代在日本之发掘，有汉式镜及汉委奴国王印之发现（委即倭，倭为日本之前身；奴国为当时倭中之一国，于光武中元二年，奉献我国，而有汉委奴国王印之赐，请参照拙著《后汉刘宋间之倭史》），则后汉时已有文字流传日本，可为明证。其次魏景初三年（西纪二三九）十二月更有长数百字之诏书，载《魏志·倭人传》，书曰：

制诏亲魏倭王卑弥呼！带方太守刘夏，遣使送汝大夫难升米，次使都市牛利，奉汝所献男生口四人，女生口六人，班布二匹二丈以到。汝以在输远，乃遣使贡献，是汝之忠孝，我甚哀汝。今以汝为亲魏倭王，假金印紫绶；装封付带方太守假授。汝其绥抚种人，勉为孝顺！汝来使难升米牛利，涉远道路勤劳，今以难升米为率善中郎将，牛利为率善校尉，假银印青绶。引见，劳赐遣还。今以降地交龙锦五匹，绛地绉粟罽十张，蒨绛五十匹，绀青五十匹，答汝

---

① 按：原文误将"二"排为"三"，兹作改正，以下顺改。

所献贡直。又特赐汝绀地句锦三匹，细班华罽五张，白绢五十匹，金八两，五尺刀二口，铜镜百枚，真珠铅丹各五十斤；皆装封付难升米牛利，还到录受，悉可以示汝国中人，使知国家哀汝，故郑重赐汝好物也。

故依古物之发见与中国史籍之所载，则中国文字之流传日本，为时甚早；而委奴国王印之事，史籍所记与古物符，自无可置疑，而言《魏志·倭人传》之价值，又为近代研究日本古代史者所最重视之材料，是该诏书亦至可确信。故言中国文字流传日本之史事，当以汉镜与中元二年之委奴国王印等为序幕，而景初三年十二月之诏书开其端。王仁之事，固后百余年也。

三

中国文字之流入日本，既远在后汉三国，然则日本人之能书中国文，始于何时？据日本史籍所载，曾受教于王仁之太子稚郎子，尝因高丽表文有"高丽王教日本"之言，怒其无礼而责其使，坏其表。此似可为通中国文之证，然其事颇类《隋书·倭国传》炀帝恶日本国书事，文如下：

> 大业三年，其王多利思北孤，遣使朝贡……其国书曰：日出处天子，致书日没处天子无恙……云云。帝览之，不悦，谓鸿胪卿曰：蛮夷书有无礼者勿复以闻！

盖《日本书纪》中，每多模拟我国史籍之文，兹事不能无疑焉。然即使然矣，亦不过为日人能读中国文之证，而不能为能书中国文之证也。能书者，在日本史籍中以厩户皇子（通称圣德太子）之十七条宪法（实训条而非宪法）为最早，其撰成年代为推古十二年，即我国之隋文帝四年，西纪六〇四年。以其为日本所称为最古之日本人所书中国文，且于其文足以知当时中国文化与日本思想之关系程度，特尽录之如下：

（一）以和为贵，无忤为宗，人皆有党，亦少达者，是以或不顺君父，乍远于邻里，然上和下睦，谐于论事，则事自通，何事不成？

（二）笃敬三宝，三宝者佛法僧也，则四生之终归，万国之极宗，何世何人，非贵是法？人鲜尤恶，能教从之，其不归三宝，何以直枉？

（三）承诏必谨，君则天之，臣则地之，天覆地载，四时顺行，万气顺通，地欲覆天，则致坏耳，是以君言臣承，上行下靡，故承诏必谨，不谨自败。

（四）群卿百僚，以礼为本，其治民之本，要在乎礼，上不礼而下非齐，下无礼，以必有罪，是以君臣有礼，位次不乱，百姓有礼，国家自治。

（五）绝飨弃欲，明辨诉讼，其百姓之讼，一日千事，一日尚尔，况乎累岁？须治讼者，得利为常，见贿听谳，便有财之讼，如石投水，乏者之诉，似水投石，是以贫民则不知所由，臣道亦于焉阙。

（六）惩恶劝善，古之良典，是以无匿人善，见恶必匡，其谄诈者，则为覆国家之利器，为绝人民之锋剑，亦佞媚者，对上则好说下过，逢下则诽谤上失，其如此人，皆无忠于君，无仁于民，是大乱之本也。

（七）人各有任，掌宜不滥，其贤哲任官，颂音则起，奸者在官，祸乱则繁，世少生知，尅念作圣，事无大小，得人必治，时无急缓，遇贤自宽，因此国家永久，社稷勿危，故圣王为官以求人，不为人求官。

（八）群卿百僚，早朝晏退，公事靡监，终日难尽，是以迟朝不逮于急，早退必事不尽。

（九）信是义本，每事有信，其善恶成败，要在于信，君臣共信，何事不成？君臣无信、万事悉败。

（十）绝忿弃瞋、不怒人违，人皆有心，心各有执，彼是则我非，我是则彼非，我必非圣，彼必非愚，共是凡夫耳，是非之理，讵能可定？相共贤愚，如环无端，是以彼人相瞋、还恐我失，我独虽得，从众同举。

（十一）明察功过，赏罚必当，日者赏不在功，罚不在罪，执事群卿，宜明赏罚。

（十二）国司国造，勿敛百姓，国非二君，民无两主，率土兆民，以王为主，所任官司，皆是王臣，何敢与公，赋敛百姓？

（十三）诸任官者，同知职掌，或病或使，有阙于事，然得知之日，和如曾识，其以非与闻，勿妨公务。

（十四）群臣百僚，无有嫉妒，我既嫉人，人亦嫉我，嫉妒之患，不知其极，所以智胜于己则不悦，才优于己则嫉妒，是以五百之后，乃令遇贤，千载以难待一圣，其不得贤圣，何以治国？

（十五）背私向公，是臣之道矣；凡人有私，必有恨，有憾必非同，非同则以私妨公，憾起则违制害法，故初章云，上下和谐，其亦是情欤。

（十六）使民以时，古之良典，故冬月有间，可以使民，从春至秋，农桑之节，不可使民，其不农何食？不桑何服？

（十七）夫事不可独断，必与众论，少事是轻，不可必众，唯逮论大事，若疑有失，故与众相辨、辞则得理。

于日本史籍中，虽以此为最早，然据我国史籍，则《宋书·倭国传》中有倭王武遣使上表事，事在顺帝升明二年，即西纪之四七八年，文曰：

封国偏远，作藩于外，自昔祖祢，躬擐甲胄，跋涉山川，不遑宁处，东征毛人五十五国，西服众夷六十六国，渡平海北九十五国。王道融泰，廓土遐畿，累业朝宗，不愆于岁。臣虽下愚，忝胤先绪，驱率所统，归崇天极，道遥百济，装治船舫，而句骊无道，图欲见吞，掠抄边隶，虔刘不已，每致稽滞，以失良风，虽曰进路，或通或不；臣亡考济，实忿寇仇，壅塞天路，控弦百万，义声感激，方欲大举，奄丧父兄，使垂成之功，不获一篑；居在谅暗，不动兵甲，是以偃息未捷，至今欲练甲治兵，申父兄之志，义士虎贲，文武效功，白刃交前，亦所不顾。若以帝德覆载，摧此强敌，克靖方难，无替前功，窃自假开府仪同三司，其余咸假授，以劝忠节。

此表文之成，早于所谓十七条宪法固百二十六年也。然文笔简实，有类汉魏文，日人初草中国文，未必能此；故非联宋书者加以润色，则当出于中国流寓者即日本之所谓归化人之手；而仍出于流寓者为近于事实，盖当时日本之外交事件，尽委诸所谓归化人，利其明国势地理及语言文字也；至撰宋书者似无暇为异邦文润色。故论日本最早之中国文当举此，论日人最早之中国文则仍当谓十七条宪法。

四

自厩户皇子以后，与隋之交通渐密，及唐更盛，于是日人之能中国文字者渐众，百余年间，有《怀风藻》诗集出，《怀风藻》者，日本人之中国诗亦日本之最早诗集也，作者六十四人，诗凡一百二十首，作者之年代，自天智至圣武之再都平城（西纪六六二—七四五），即我国之唐龙朔二年至天宝四年，八十余年间之作，作之佳劣且勿论，而据此可知中国文之势力，在此百余年间，已在日本奠定根基，千余年来，流行不衰。然有不可不注意者，则当时中国文之势力只及于贵族阶级，一般平民固无与焉。厩户皇子固无论，即《怀风藻》作者六十四人中，无一非贵族，此并非集之编者有意取舍于阶级之间，而实为一种自然之结果。其主要原因有二：日本古代文化之跃进，几全借异邦人之力，自后汉以来，中韩人士因受本邦兵燹水旱灾或国家之重役等种种压迫，不堪其苦，因历朝广续流移，以致以日本为归宿地，日本以初开化之民族，对于此辈先进国诸人，当然竭诚欢迎。此辈虽非书皆才艺之士，然在日民视之，殆无不有一技之长，于是尽授以高位重职，其后此等职务，遂成家传，官职爵位，亦为世袭；而日本自来对于氏族之制极谨严，于是此辈异邦人与一般平民显分畛域，而位于贵族之列。且日本之古习惯，业务既属家传，官职既为世袭，而姓氏亦依此而定，故观其姓氏，即知其人之业务，如斋部之职掌祭祀，物部之职掌武事，其例也，检诸姓氏，独文部与史部无日人而皆中韩人，由此可知当时文史之责，专在中韩人，而日人无与焉；是故中国文字流传日本虽已有悠久之年代，然保有之者仍多为异邦人，日人中惟少数特殊阶级有接受之机会，一般平民则殊乏缘，于是界限判然，几可因是断曰通中国文字者悉为贵族（归化人固尽贵族也），否则平民耳，或谓《怀风藻》有不少僧人，然僧人在当时固为一特殊阶级，于朝廷中具有重大势力者也。此其一。中国文字，主源象形，一字一音，记诵特难，故最早即有转注、假借等法欲补救之，然其效有限。欲通中国文，即中国人已自不易，况日人乎？且其流传于日本也，日本当时虽未有文字，然固已有语言为达意之工具，虽感无文字之困苦，而对此难上加难之中国文字，一般人唯有空赞叹垂涎，而不得与近，况当进化初期，对于文字需要之程度固未深也。此其二。

五

日本古无文字，有之自中国文字输入始，中国文字输入后，为一般贵族所占有，诸贵族中，其为归化人者，则持此以为保持禄位之具，自无另求一适合日本之文字之心，而其他一般本身为日人之贵族，则又竞尚通解中国文字为荣，故终日汲汲于模效汉文也，六朝文也，唐文唐诗也，而未暇为新文字之创作。故中国文字之输入日本，一方面虽随带中国文化以播种，然一方面则因是压逼日本之固有文化，使其不能并长，新文字遂亦久久不能产生。逮乎我国盛唐之世，我国文化灿烂繁荣达于极度，日本遣唐之使特频，而中日间商业上及其他之往来亦甚密，于是文字之急需，不特贵族为然，一般民众亦同此感，然中国文字之难通既如上述，乃势不得切盼一种新文字出现。天武十年（唐永淳元年，西纪六八二）境部石积等有新字四十四卷之撰，盖即应当时之需求也，然固不闻此种新字流行，原字虽未见，味其构造殆不出中国文字之旧套，其难通与中国文字等，而更为另一种新字，则其不能流行必矣。其后片假名与平假名（即现行之日本文）之标音文字出，其困乃解，自此日本全社会乃得瞻享文化之光。此种片假名、平假名标音文字之产生，固由时代所催逼，然其本身之形成，断非一朝一夕之事，由来渐也。

现行日本文之形成，其第一步骤即借用中国字之音。日本古代既无文字，而中国文字传入后又不能流行于一般社会，故上代之故事，惟靠口授传承，如《古语拾遗》之所谓"贵贱老少，口口相传"，然此指民间地方关系之传承可，至于皇族关系，据遗留民族以考察，则另有所谓语部之设，所谓语部者殆即专掌传述责任之部族，其位置之重要，等于后来之文史部。语部之族名，在文献上可见者，如《正仓院文书》中，出云有语部君，语部首；远江有语部首；美浓、尾张、远江、出云有语部；备中有语直。《出云风土记》有语臣。日本书纪天武十二年纪有语造。《姓氏录》有天语连等。此等氏族，自中文字输入后，归化人掌文史之职，遂渐被淘汰。然在两者交替之间，语言与文字遂发生冲突，渐乃思得音译之法以调和之，其先只限于固有名词，今试引《天寿国曼陀罗绣帐铭》为例，此铭为推古末年即我国初唐之作，可认最古应用音译之文。文如下：

"斯归斯俳"宫治天下天皇,名"阿米久尔意斯波留支比里尔波乃弥已等",娶"巷奇"大臣名"伊奈米足尼"女名"吉多斯比弥乃弥已等"为大后,生名"多至波奈等已比乃弥等",妹名"等已弥居加斯支移比弥乃弥已等";复娶大后弟名"乎阿尼乃弥已等"为后,生名孔部问人公主。"斯归斯麻"天皇之子名"襄奈久罗乃布等多麻斯岐乃弥已等",娶庶妹名"等已弥居加斯支移比弥乃弥已等"为大后,坐"乎沙多"宫治天下,生名尾治主……

文中有""符号者均音译名也。以中国文字音译固有名词之习用既久,乃更进一步面将此音译之法,应用于其他诸词,此于记事上可稍保留原意,然其弊端则字数异常冗长,常有三两语即须连书数百字,书其一物一言,未必定为一音,如"神"音"迦徽","命"音"美许登"之类,加以日本语与朝鲜语同属加添语系,在语根之前后加添他音以表种种意义,其所须字数之多可想知,故《古事记》遂有交用音训之法,其原序云:

……上古之时,言意并朴,敷文构句,于字即难;已因训述者,词不逮心,全以音连者,事趣更长。是以今或一句之中,交用音训,或一事之内,全以训录。

今试将其文引译一段如下:

原文:于是天神诸命以诏"伊邪那岐"命,"伊邪那美"命二柱神,修理固成是"多陀用币琉"之国,赐天沼矛而言依赐也。故二柱神"立训立云多多志"天浮桥而指下其沼矛以画者,"盐许袁吕许袁吕迩"(此七字以音)画鸣(训鸣云那志)而引上时,自其矛末垂落之盐,累积成岛,是"淤能碁吕"岛(自淤以下四字以音)。

译文:于是诸天神因诏命伊邪那岐命,伊邪那美命二神,修理固成此漂浮之国,赐天沼矛——有所委而赐也。二神立天浮桥,下指其治矛以捣,潮垒垒焉渐凝;上引时,自其矛末垂落之潮,累积成岛,是为淤能碁吕岛。所谓"多陀用币琉"者漂浮之意也,"许袁吕许袁吕"者表垒垒之声也。

自此以后,借中国字以音日语之法渐广,然初无限定某字为某言,特随其惯后耳,如"Ho"音,《古事记》竟通用"保""蕃""菩""富""本"五字者。此外对于中国字画数之繁密,亦屡思改良,而六朝盛行别体字,为减少画数之一法,故常用之,见于《古事记》者,如:

迩、塩、尒、与、弥、礼、号、万、恋

皆然也。又检日本诸古碑,几于无碑无别体字,是当时为一种极普遍之习惯也甚明。由是可知当时日人已知中国文字之不能于日本普遍应用,而时刻盼新文字之出现,进行种种研究,及至最后,以儒佛势力并行,而一般僧人,类多儒佛学并通,乃有于佛取梵音,于儒取字形,以创制新文字之举。创斯者为谁,惜不可考,然必儒佛并通而又长于梵文及音韵学者。音韵非余所解,不敢谬言,至于四十七音片假名之形成,其为由中国文字蜕变而来,殆极易知。故日本文形成之步骤,其最初以中国字译名,由名以至于其他诸词,既而感音多字数繁也,乃用音训交用及别体字以补之，至最后成熟期，以梵音之四十七音为根而从当时最通用诸译音字，选定四十七个，选定后复将此四十七字减其画数，只取偏旁，名之为片假名，至是乃告成功。今将四十七音所借取之偏旁及原字，并《古事记》中四十七音通用之字胪列如次，于以知其形成之渐。

音	片假名	原字	《古事记》通用字
a	ア	阿	阿
i	イ	伊	伊印
u	ウ	宇	宇汙有
e	エ	江	爱延
o	オ	於	於意淤隐
ka	カ	加	加诃迦甲贺香可贺何
ki	キ	幾	岐伎纪疑贵疑艺纪弃
ku	ク	久	久玖具
ke	ケ	介	计气祁下宜
ko	コ	己	己古故胡碁其
sa	サ	散	左佐作沙赞耶奢
shi	シ	之	志斯紫色芝师士
su	ス	？	须州受
se	セ	世	世势是
so	ソ	曾	曾苏叙
ta	タ	多	多陁
chi	チ	千	千智迟智地治
tsu	ツ	津	津都豆
te	テ	天	弓帝传殿
to	ト	止	斗登刀等度縢杼刀
na	ナ	奈	那

续表

音	片假名	原字	《古事记》通用字
ni	ニ	仁	迩尔
nu	ヌ	奴	奴怒
ne	ネ	祢	祢泥尼
no	ノ	乃	乃能
ha	ハ	八	波婆
hi	ヒ	比	比斐卑肥备毗
fu	フ	不	不富布赋夫
he	ヘ	?	边弊闭合币部倍弁
ho	ホ	保	蕃菩本烦
ma	マ	?	末摩麻
mi	ミ	美	美弥微
mu	ム	牟	牟武
me	メ	?	卖米咩
mo	モ	毛	毛母
ya	ヤ	也	也夜
yu	ユ	由	由
yo	ヨ	与	与用豫余
ra	ラ	良	良罗
pi①	リ	利	理
ru	ル	流	流琉留
re	レ	礼	礼
ro	ロ	吕	吕路庐漏
wa	ワ	和	和
(i)	ヰ	韦	韦
(e)	ヱ	惠	惠
(o)	ヲ	远	远袁

---

① 按：此处罗马字拼写有误，应为"ri"。

四十七片假名中惟ス、ヘ、マ、メ之原字不明外，余均显而易知。所从取之原字中，见于《古事记》者三十二，于此可证古事所用诸音字在当时极流行也。又レ之原字为礼，其由于别体之礼，亦可为别体字盛行之证。片假名之外，有平假名，纯用中国草书字，为篇幅所限，不具录。要之日本文字之形成虽由势渐而非绝对创作，然其具此思考者功固甚大，惜名不传耳。

原载《日本研究》第一卷第五号，1930年5月

日本之遣隋唐使与留学生

一

在日本史中，文化之最灿烂时期，为所谓奈良时代，即西纪第八世纪中间之七十余年事。所以有此灿烂文化者，极端模仿我国隋唐之结果也。不有当时之极端模仿，绝不能产生奈良时代之文化，此毫无疑义。然其模仿我国也，固不自奈良时代始，特以奈良时代为至甚耳。以普泛言之，则日本之模仿中国，直可曰自日本之有史时代始，盖最早之日本民族即混有中国血种，而日本之有史时代距今仅二千年，即西纪初期，此已属我国之前汉末期矣。然在政治上为显著之模仿者，则为所谓大化改新，大化改新之中心人物为中大兄皇子、中臣镰足、高向玄理及僧旻。中大兄皇子与中臣镰足均师事南渊请安，南渊请安者遣隋之留学生也，高向玄理及僧旻又均遣隋之留学生也，故即不问改新之内容如何，而其模仿之精神已显见矣。此其事与近代之明治维新颇类似，有明治以来之极端模仿西洋，乃有现代之日本，犹有大化以来之极端模仿中国，乃有奈良时代之日本一也。

日本史中最璀璨者既为奈良时代之文化，而奈良时代之文化又既为模仿我国之结果，然则国人对于此文化外流之史迹，可不加以研究耶？

据日本旧史，其神武天皇之纪元，合西纪纪元前六百六十年而我国之周惠王十七年，此说在史学发达之今日，已失其存在力。其有史之可靠年代仅二千年。而最早之数百年间，其民族暗昧无彩，自三韩间接移传中国文化，乃稍稍脱野蛮草野，然其进步犹属迟缓而非急激；殆自直接采取中国文化之后，乃竟一日千里，其进步之迅速，至可惊人。奈良时代之文化虽未可即与盛唐媲美，然已远驾三韩之上；以短期间内而有此成功，虽属学效于我而非创作，然其善学与努力，诚可佩也。故日人常自夸谓消化力极强，此语诚足代表彼等乏创造力而善于模仿之精神。观于彼近代自明治以来之努力模仿西洋距今不过六十余年，已位于五大列强之一，正可与曩事互证也。

二

日本从三韩间接承受中国文化，其进步缓，因转而直接摄求，进步乃速；而负直接采取之责者遣隋唐使与留学生也，故欲知当时中国文化之如何流移日本，当研究此遣隋唐使与留学生。

第三世纪以来，日韩之交流渐密，中韩人之流移于日本者亦渐众，故中国文化无形中遂由流移之中韩人而移植，殆为日既久，其智渐进，对于中国文化之憧憬渐大，对于前此中韩人之断续性的与间接性的移传，渐感不满。如第六世纪敏达天皇即位时，朝中竟无人能解高丽所致表文，而仍需借助于所谓归化人，在渴羡中国文化之当日，必因此生极大刺激而逼出向中国直接求取文化之思求。殆至厩户皇子（日本通称圣德太子）出，以彼有儒佛学之素养而兼以太子而摄政，于是于推古十五年即我国隋大业三年始遣使于隋，此即直接摄取中国文化之最初表现也。遣使之外，更遣留学生，遣隋而后，更又遣唐，其间共历二百余年，此二百余年来之遣隋唐使与留学生史事，为造成日本史中文化最灿烂之奈良时代史事，亦即中国文化流移异域之最重要史事也。

三

关于遣隋唐使与留学生之史事，日本人之研究之者，固数数有之，然我国之注目于此者犹稀。至于此项史料，亦日本多于中国，然日本之史料，间有夸大不实；中国史籍所载，又病于过简且误。向例中国史籍对于外国之记载，每多不经研究而随意转录先代史料，又随便掇拾本朝三五段关于外国之记载，遂成一传，若据以为史，其危险为如何？因于日本史籍之间有夸大不实与中国史籍之简误，必当并合之而加以整理厘正，俾真象可明。然关于日本方面史料，我国尚无专篇之搜集，且于某事之研究，必先知某事之概要，故兹先将双方史料并合之为一年表，其显误者不更录，至于日本方面之史料，以案旁存者不多，而关于此项史料皇朝编年史所载最为详备，故即以皇朝编年史为底本，而间及其他，其皇朝编年史文中间有漏去者，即依他书补入，不复注明。名为隋唐时代中日交通史料年表。

隋唐时代中日交通史料年表

隋

（西纪六〇〇）开皇二十年　日本推古天皇八年

《隋书·倭国传》　俀（倭）王姓阿每，字多利思北孤，号阿辈鸡弥，遣使诣阙。

（西纪六〇七）大业三年　推古十五年

《隋书·倭国传》　倭王多利思北孤遣使朝贡。使者曰：闻海西菩萨天子重兴佛法，故遣朝拜，兼沙门数十人来学佛法。其国书曰：日出处天子致书日没处天子，无恙……云云。

《皇朝编年史》　秋七月三日，遣大礼小野妹子于隋，鞍作通利为通事，赠隋主杨广书，其略曰：日出处天子致书日没处天子无恙。隋人称妹子曰苏因高。皇太子讬求佛经，兼使沙门数十人受法。

（西纪六〇八）大业四年　推古十六年

《隋书·炀帝纪》　三月壬戌，百济、倭、赤土、伽罗、舍国并遣使者贡方物。

《皇朝编年史》　夏四月小野妹子还自隋，隋使鸿胪寺掌客斐世清等从妹子来，至筑紫；遣难波雄成迎之，造新馆于难波高丽馆上。六月十五日，世清至难波津，以饰船三十艘迎入新馆，以中臣宫池鸟麻吕，大河内糠手，船王平为掌客。秋八月三日，世清入京，遣额田部比罗夫率饰骑七十五疋迎于海石榴市。十二日，世清诣阙，奉其国书及信物，其书曰："皇帝问倭皇，使人长吏大礼苏因高等至具怀。朕钦承宝命，临御区宇，思宏德化，覃被含灵，爱育之情，无隔遐迩。和皇介居海表，抚甯民庶，境内安乐，风俗融化，深气至诚，远修朝贡，丹款之美，朕有嘉焉！稍喧，此如常也；故遣鸿胪寺掌客裴世清等，稍宣住意，并送物如别。"帝问皇太子曰：书辞如何？太子曰：赐诸侯书式也，然曰皇曰帝，其义一矣，宜答书以报。十六日，飨世清等于朝。九月五日又飨于难波。十一日，世清等归，复以妹子为大使，难波雄成为小使，聘于隋，赠隋主书曰："东天皇敬白西皇帝，使人鸿胪寺掌客裴世清等至，久忆方解。季秋薄冷，尊何如？想清念，此即如常。今大礼苏因高，大礼乎那利等往。谨白，不具。"学生倭汉福因，奈罗译语惠明，高向玄理，新汉大国，学僧新汉旻，南渊请安，志贺惠隐，新汉广齐等八人从焉。初妹子还于隋也，路为百济夺其答书，妹子归以实奏，帝下群臣议其罪曰，使人之职，虽死不可失节，何至失大国之书？罪当流刑。帝敕曰：勿辄罪之！朕为隋客耻焉。置而不问。

《隋书·倭国传》 上遣文林郎裴清，使于倭国，度百济行至竹岛，南望聃罗国，经都斯麻国，迥在大海中，又东至一支国，又至竹斯国，又东至秦王国，其人同于华夏，以为夷洲，疑不能明也；又经十余国，达于海岸，自竹斯国以东，皆附庸于倭。王遣小德阿辈台，从数百人，设仪仗，鸣鼓角来迎，后十日，又遣大礼可多毗从二百余骑郊劳。既至彼都，其王与清相见，大悦曰：我闻海西有大隋礼义之国，故遣朝贡，我夷人僻在海隅，不闻礼义，是以稽留境内，不即相见；今故清道饰馆，以待大使，冀闻大国惟新之化。清答曰：皇帝德并二仪，泽流四海，以王慕化，故遣行人来此宣谕。既而引清就馆。其后清遣人谓其王曰：朝命既达，即请戒途！于是设宴享以遣清，后令使者随清，来贡方物。

（西纪六〇九）大业五年　推古十七年

《皇朝编年史》 秋九月，小野妹子等还自隋，福利留而不还。

（西纪六一〇）大业六年　推古十八年

《隋书·炀帝纪》　春正月己丑，倭国遣使贡方物。

（西纪六一四）大业十年　推古二十二年

《皇朝编年史》　六月十三日，以矢田部御嫔为大使，大礼犬上御田锹为小使，遣于隋。

（西纪六一五）大业十一年　推古二十三年

《皇朝编年史》　秋九月，矢田部御嫔等还自隋。

唐

（西纪六二三）武德六年　推古卅一年

《皇朝编年史》　秋七月，僧惠齐，惠光，医惠日，福因等，从新罗使来；奏曰：唐，礼仪之国也，宜当聘问，学生在唐者，皆已成器，愿召还之。

（西纪六三〇）贞观四年　舒明天皇二年

《皇朝编年史》　秋八月五日，遣犬上御田锹、乐师惠日于唐。

（西纪六三一）贞观五年　舒明三年

《旧唐书》　倭遣使献方物。太宗矜其道远，敕所司无令岁贡。

（西纪六三二）贞观六年　舒明四年

《旧唐书》　遣新州刺史高表仁持节往抚倭；表仁无绥远之才，与王子争礼，不宣朝命而还。

《皇朝编年史》　秋八月，唐使新州刺史高表仁送犬上御田锹等至对马；入唐学问僧灵云，僧旻等从而还，新罗送使从之。冬十月四日遣大伴马养以饰船三十余只迎之，旗帜鲜丽；表仁悦曰：礼何厚也！入难波馆，赐以神酒。

（西纪六三三）贞观七年　舒明五年

《皇朝编年史》 春正月二十六日，高表仁等归，使吉士雄麻吕、黑麻吕送至对马。

（西纪六三九）贞观十三年　舒明十一年

《皇朝编年史》 九月，新罗遣使送入唐学问僧惠隐、惠云至京。

（西纪六四〇）贞观十四年　舒明十二年

《皇朝编年史》 五月五日大设斋会，使惠隐说《无量寿经》。冬十月十一日，入唐学生高向玄理、学僧请安从新罗使还。

（西纪六四八）贞观二十二年　孝德天皇大化四年

《旧唐书》 倭附新罗奉表，以通起居。按，《新唐书·新罗传》：是年新罗遣子文王及弟伊赞子春秋来朝。

（西纪六五二）永徽三年　孝德白雉三年

《皇朝编年史》 四月九日召僧惠隐于宫中，讲《无量寿经》，惠资为论义者，听众僧一千人。

（西纪六五三）永徽四年　白雉四年

《皇朝编年史》 五月十二日以吉士长丹为遣唐大使，吉士驹为副使，室原御田为送使；学生巨势药，冰老人及学僧道严、定惠、安达、道观等二十余人从之。又以高田根麻吕为大使，扫守小麻吕为副使，学僧道福、义向等一百二十余人俱发。土师八手为送使。

《日本书纪》：五日，遣唐大使吉士长丹，副使吉士驹，学问僧道严、道通、道光、惠施、觉胜、辨正、惠照、僧忍、知聪、道昭、定惠、安达、知辨、义德，学生巨势药、冰老人、坂合部磐积等一百二十一人，乘一船赴唐。又遣唐大使高田根麻吕，副使扫守小麻吕，学问僧道福、义向等一百二十人，别乘一船向唐。

秋七月，遣唐使高田根麻吕船至萨摩竹山，遭风漂没，举船溺死；

门部金等五人执船板漂至竹岛,伐竹为筏,赴神岛,不食者六日六夜,诏进位给禄。长丹船独至唐,见唐主李治,赠虎魄大如斗,玛瑙若五升器;唐主大悦,多赠文书宝物。

《新唐书》 永徽初其王孝德即位,玖元白雉,献虎魄大如斗,玛瑙若五升器;时新罗为高丽百济所暴,高宗赐玺书,令出兵援新罗。

《宋史·日本国传》 是年律师道照,求法至中国,从三藏僧玄奘受经律论。

(西纪六五四)永徽五年 白雉五年

《皇朝编年史》 二月,以高向玄理为遣唐押使,河边麻吕为大使,药师惠日为副使,书麻吕为判官,分乘两船,取道新罗至唐莱州,唐主延见之。使其臣郭文举问中国地理,国初神名,麻吕等皆随问应对。 玄理卒于唐。 秋七月,遣唐使吉士长丹、吉士驹等与百济新罗送使共归筑紫,献书籍宝货。授长丹小华下,封二百户,赐姓吴氏,授驹小山上。

(西纪六五五)永徽六年 齐明天皇元年

《皇朝编年史》 八月,朔河边麻吕等还自唐。

(西纪六五七)显庆二年 齐明三年

《皇朝编年史》 是岁遣间人御厩,依网稚子,僧智达等于唐,因命新罗护送;新罗不奉诏,御厩等归。

(西纪六五八)显庆三年 齐明四年

《皇朝编年史》 秋七月,遣僧智通,智达于唐;学法相于僧玄奘。

(《宋史》有同样记载)

(西纪六五九)显庆四年 齐明五年

《皇朝编年史》 七月三日遣坂合部石布、津守吉祥分乘二船聘于唐,虾夷数人从之。石布船遇风漂至南海,为岛贼所劫杀,唯东汉长直阿利麻、坂合部稻积等五人夺夷船逃至唐括州，吉祥等至越州会稽县，闰十一月乘骡至洛阳，唐主使人延见，问曰：日本国天皇平安不？对曰：天地合德，自得平安……又问虾夷地方风俗，吉祥敷陈详悉。虾夷须长四尺许，珥箭于首，令人戴瓠立数十步外，射无不中，赠唐主以弓箭及白鹿皮。时唐将以明年攻百济，是以拘我使于西京。

按，《新唐书》："孝德死，子天丰财立（按，曰子者误也），死，子天智立，明年，使者与虾夷人偕朝，虾夷亦居海岛中，其使者须长四尺许，珥箭于首，令人戴瓠立数十步，射无不中。"是天智时事，与日本所载年代不符。

又按，唐灭百济事，中日两国史籍均载而略异，且详简不同，又此事与麟德间刘仁轨遣使于日本，极有关系；今并录之。在唐书中，此事之记载，散见于《高宗纪》《百济传》《苏定方传》及《刘仁轨传》，而亦略异而详简不同，今特节编之如下：

显庆五年三月诏左卫大将军苏定方为神丘道行军大总管，新罗王金春秋为嵎夷道行军总管，率三将军及新罗兵伐百济；八月自城山济海，百济守熊津口，定方纵击，虏大败，王师乘潮，帆以进，趋真都城一舍止，虏悉众拒，复破之，斩首万余级，拔其城；义慈挟太子隆走北鄙，定方围之，次子泰自立为王，率众固守，义慈孙文思曰：王太子固在，叔乃自王，若唐兵解去，如我父子何？与左右缒而出，民皆从之，泰不能止；定方令士超堞立帜，泰开门降，定方执义慈隆，及小王孝，演，酋长五十八人，送京师，平其国，五部，三十七郡，二百城，户七十六万，乃析置熊津、马韩、东明、金涟、德安，五都督府，擢酋渠长治之，命郎将刘仁愿守百济城，左卫郎将王文度为熊津都督。文度卒，百济故将福信及浮屠道琛迎故王子扶余丰于倭，立为王，西部皆应，引兵围仁愿。龙朔元年，诏刘仁轨检校带方州刺史，统文度之众并发新罗兵往救。道琛立二壁熊津江，仁轨与新罗兵夹击之，争梁堕，溺者万人，信等释仁愿围，退保任存城。既而福信杀道琛并其众，丰不能制。二年七月，仁愿等破之熊津，拔支罗城，夜薄贞岘，比明入之，斩首八百级，新罗饷道乃开。而福信谋杀丰，丰率亲信斩福信，遣使至高丽，倭丐援。会诏遣右威卫将军孙仁师率军浮海而至，士气振，乃与新罗王金法敏，率步骑以进，刘仁轨率舟师与杜爽扶余隆自熊津白江会之，遇倭人白江口，四战皆克，火四百艘，海水为丹，丰走不知所在，伪王子扶余忠胜，忠志，率残众及倭人降，诸城皆复。仁愿勒军还，诏留仁轨统兵镇守百济，以扶余隆为熊津都督。

以上为中国史籍所载，至于日本史籍，为节录《皇朝编年史》如下：

齐明六年（即显庆五年）秋七月唐将苏定方灭百济，令刘仁愿守之。九月五日百济遣使奏变曰：今年七月新罗导唐人倾覆本国，君臣被俘，略无遗类。西部恩率鬼室福信起义兵据任射岐山，达率余自信亦据久麻怒利城，收聚散卒，击新罗，破之，军声大振，唐人不敢进；逐鸠集国人，共保王城。冬十月鬼室福信遣使乞救，且请其王子余丰，帝乃下诏命将士百道俱进，王子余丰，备礼以时发遣。七年（龙朔元年）夏四月百济佐平鬼室福信上表，乞迎其王子纠解。八月，遣将救百济。九月，授织冠于百济王子余丰，以多蒋敷之妹妻之，还其国，是狭井槟榔，朴亩秦田来津率兵五千余，护送余丰及其叔父忠胜等；佐平鬼室福信迎拜稽首，即复国政于丰。壬戌岁（龙朔二年）五月大将军阿垒比罗夫帅舟师一百七十艘至百济，宣敕立余丰为王，乃保州柔城，西部皆应，引兵围唐将刘仁愿。癸亥岁（龙朔三年）二月唐将刘仁轨发新罗兵救仁愿，百济兵战于熊津不利，新罗火百济南畔四州，并取安德等要地。三月，遣各将军上毛野稚子等率兵两万七千伐新罗。六月，取河鼻歧，奴江二城。丰杀福信。八月，新罗闻丰杀福信，陷州柔，唐将刘仁轨等列战舰百余艘于白村江。二十七日，我船师先至者与唐兵会，不利，二十八日诸将争先而进，为唐兵所夹击，战军败绩，溺死者甚多，丰乘船走高丽，州柔陷，百济遂灭。

二者之纪事，可互参证，然年代有不符。

（西纪六六一）龙朔元年　齐明七年

《皇朝编年史》　是岁津守吉祥等还自唐，遭风至耽罗岛，以岛夷九人还。初吉祥在唐，韩智兴儳人东汉足岛谗智兴等，唐主怒，流智兴等，伊吉博德独自辩获免；至是智兴等不得还。

（西纪六六四）麟德元年　天智天皇三年

《皇朝编年史》　五月十七日唐百济镇将刘仁轨遣朝散大夫郭务悰等进表献物。十月四日敕内臣中臣镰足遣河门智祥赐物郭务悰等，寻飨之。十二月郭务悰等还本国。

（西纪六六五）麟德二年　天智四年

《皇朝编年史》　九月二十三日唐使沂州司马刘德高，右威卫郎将郭务悰等来聘，并送还学僧定惠。十一月十三日飨唐使，使大友皇子见之。十二月刘德高等归，以守大石、境部石积、歧弥、针间等为送使。

（西纪六六六）乾封元年　天智五年

《新唐书·高宗纪及刘仁轨传》　正月戊辰封于泰山，仁轨率新罗、百济、儋罗、倭四国酋长赴会。

（西纪六六七）乾封二年　天智六年

《皇朝编年史》　十一月九日唐百济镇将刘仁轨遣熊山县令司马法聪等送还境部石积等于筑紫。十三日司马法聪等归，使伊吉博德、笠诸石护送。

（西纪六六八）总章元年　天智七年

《皇朝编年史》　正月廿三日吉伊博德等还自百济。

（西纪六六九）总章二年　天智八年

《皇朝编年史》　是岁遣河内鲸于唐。唐使郭务悰等二千余人来。

（西纪六七〇）咸亨元年　天智九年

《新唐书·日本传》　倭遣使贺平高丽。

按，唐灭高丽，为总章元年事。

（西纪六七一）咸亨二年　天智十年

《日本书纪》　十一月沙门道久、筑紫君萨野马、韩岛胜娑婆、布师首磐等四人自唐归对马，告唐使郭务悰等六百人，送使沙宅孙登等一千四百人分乘船四十七只来朝。（《皇朝编年史》：十一月筑紫太宰府言，唐使郭务悰等二千人来聘，以四十七船至比智岛，遣僧道久等于对马，告来聘之意。）

（西纪六七二）咸亨三年　弘文天皇白凤元年

《皇朝编年史》　三月十八日，遣阿昙稻敷于筑紫，告先帝丧于唐使郭务悰，廿一日郭务悰献书函信物。五月赐甲胄弓矢绌布棉于郭务悰等。

（西纪六七八）仪凤三年　天武天皇六年

《三国佛法传通缘起》　遣唐学问僧道光归朝。

又，《日本国志》　僧定惠，道光还自唐，传宗律自道光始。

（西纪六八三）弘道元年　天武十二年

《皇朝编年史》　十二月六日新罗使大那末金物儒送入唐学生土师甥，白猪宝然，及百济之役没唐者猪使子首，筑紫三宅得许至筑紫。

（西纪六九〇）天授元年　持统四年

《皇朝编年史》　九月二十三日新罗使大奈末金高训护送遣唐学问僧智宗、义德、净愿等至筑紫。

（西纪七〇〇）圣历三年　文武天皇四年

《皇朝编年史》　三月十日僧道照寂，遗言火葬，火葬自此始。道照孝德帝时随使如唐，师事玄奘三藏，始习禅定，后随使归朝。

（西纪七〇一）久视二年　文武天皇大宝元年

《皇朝编年史》　正月二十三日以粟田真人为遣唐执节使，高桥笠间为大使，坂合部大分为副使（《续日本纪考证》，高桥笠间辞大使，以坂合部大分代之，巨势邑治为副使）。五月七日授粟田真人节刀。

（西纪七〇二）长安二年　大宝二年

《皇朝编年史》　六月，先是遣唐使粟田真人等，会风浪留筑紫，至是乃发。

（西纪七〇三）长安三年　大宝三年

《旧唐书·日本国传》　是年其大臣朝臣真人来贡方物，冠进德冠，其顶为花，分而四散，身服紫袍，以帛为腰带；真人好读经史，解属文，容止温雅，则天宴之于麟德殿，授司膳卿，放还本国。

《三国佛法传通缘起》　是岁遣唐学问僧智凤、智鸾、智雄等入唐。

《宋史·日本国传》　是年遣粟田真人入唐求书籍，律师道慈求经。

（西纪七〇四）长安四年　文武天皇庆云元年

《皇朝编年史》　秋七月朔，粟田真人等至自唐，学僧辨正留于唐，善谈论，工围棋，为临淄王所赏遇，遂没于唐。

（西纪七〇七）景龙元年　庆云四年

《皇朝编年史》　三月二日遣唐副使巨势邑治等还自唐。

（西纪七一六）开元四年　元正天皇灵龟二年

《皇朝编年史》　八月廿日以多治比县守为遣唐押使，阿倍安麻吕为大使，藤原马养为副使；下道真备（即吉备真备）、阿倍仲麻吕，僧玄昉等从入唐留学。九月四日以大伴山守代安麻吕为遣唐大使。

《宋史·日本国传》　是年（原文作圣武天皇宝龟二年，误）遣僧正玄昉入朝。

（西纪七一七）开元五年　元正天皇养老元年

《皇朝编年史》　二月遣唐使祀神只于盖山之南。三月九日赐多治比县守节刀。是月遣唐使自难波发。

《旧唐书·日本国传》　开元初，又遣使来朝，因请儒士授经，诏四门助教赵玄默就鸿胪寺教之，乃遗玄默阔幅布，以为束修之礼，题云"白龟元年调布"（按，日本无白龟年号），人疑其伪。所得锡赉，尽市文籍，泛海而还。其偏使朝臣仲满（当为阿倍仲麻吕）慕中国之风，因留不去；改姓名为朝衡，仕历左补阙；仪王友衡，留京师五十年，好书籍；放归，逗留不去。

按，《新唐书·日本传》亦有类此之记载，然谓开元初粟田复朝，大误，此外该传所记人名及年份亦多误。

（西纪七一八）开元六年　养老二年

《皇朝编年史》 十二月十三日多治比县守等至自唐,坂合部大分从而还,使人略无阙亡。大和长冈素好刑名之学,从县守往唐,质问疑义,多所发明,当时言法律者就而质焉。

又,《续日本纪》 是岁遣唐学问僧道慈归朝。

(西纪七一九) 开元七年 养老三年

《皇朝编年史》 正月十日遣唐使朝见,皆着唐国所授朝服。

(西纪七三二) 开元二十年 圣武天皇天平四年

《皇朝编年史》 八月十七日以多治比广成为遣唐大使,中臣名代为副。九月四日遣近江、丹波、播磨、备中等国,造遣唐舶四艘,此后遣唐,常以四艘为度。其航路所由,曰值嘉岛,属肥前;使船先发难波津,经博多津而会于此,乃自川原西抵旻乐埼,解缆西驰。当时官船航远洋者唯此四只,而往往不免漂没,故使人或有取路韩地者。

(西纪七三三) 开元二十一年 天平五年

《皇朝编年史》 闰三月二十六日遣唐大使多治比广成辞见,赐节刀。夏四月广成等四船发难波津聘于唐,判官秦朝元,僧辨正子,唐主以旧好,厚赠之。

又,据《唐大和上东征传》,遣唐学问僧荣叡、会照、玄朗、玄法等即于是时随行。

(西纪七三四) 开元廿二年 天平六年

《皇朝编年史》 冬十月遣唐使四船发自唐苏州,会云雾晦冥,风涛大作,四船飘荡,多治比广成船得至越州,候风归。十一月二十日广成着多祢岛。

(西纪七三五) 开元廿三年 天平七年

《皇朝编年史》 三月十日遣唐大使多治比广成还自唐,吉备真备、僧玄昉等皆归，献孔子及十哲像，唐礼，大衍历等书，其他数十物件。真备在唐十八年，研览经史，该涉众艺，留学生播名唐国者，唯真备、阿倍仲麻吕而已。阿部亲王师之，受《礼记》《汉书》。帝令学生悉从之，习五经，三史，明法，算术，音韵，籀篆，六道，其后定为四道，谓纪传，明经，明法，算道也。仲麻吕留于唐。仲麻吕傔人羽栗吉麻吕娶唐人女生子翼，携之还，翼后以文学闻。初广成在唐，唐人袁晋卿随之来，后仕朝，时年十八九，通文选，尔雅音，诏为大学音博士，后至大学头；自朝廷通使于唐，选学生有才者从之留而讲学，谓之留学生，于是海内学生，内游国学，外游唐国，文学大盛。

（西纪七三六）开元廿四年　天平八年

《皇朝编年史》　七月遣唐副使中臣名代还自唐，唐人皇甫东朝等三人，波斯国人李密医从来。先是名代与多治比广成聘于唐，及还，海中遇风，漂至南海，艰难辛楚，仅得还唐，唐主悯之，付书发回（据日本国志，书云：敕日本国王主明乐美衔德，彼礼义之国，神灵所扶，沧溟往来，未尝为患，不知去岁，何负幽明，丹墀真人广成等入朝东归，初出江口，云雾斗暗，所向迷方，俄遭恶风，诸船飘荡，其后一船在越州界，即真人广成，寻已发归计，当至国。一船漂入南海，即朝臣名代，艰虞备至，性命仅存。名代未发之间，又得广州表奏朝臣广成等飘至林邑国，既在异国，言语不通，并被劫掠，或杀或卖，言念灾忠，所不忍闻，然则林邑诸国，比常朝贡，朕已敕安南都护，令宣敕告示见在者，令其送来，待至三日，当存抚发遣，又一船不知所在，永用疚怀，或已达彼蕃。有来人可具奏。此等灾变，良不可测，卿等忠信则尔，何负神明，使而彼行人罹其凶害，想卿闻此，当用惊瞠，然天壤悠悠，各有命也。中冬甚寒，卿及百姓并平安好！令朝臣名代还，一一口具，遣书指不多及）。又唐僧道璿归化，始传华严宗，又曰贤首宗。

（西纪七三九）开元廿七年　天平十一年

《皇朝编年史》　十二月十日遣唐判官平群广成归。先是广成随多治比广成聘唐，及还，海中遇风，飘至昆仑，贼来围，舟中多被杀掠，或中瘴疠死，唯广成等四人仅免，得见夷酋，给粮安置；唐广州吏闻之，报唐主，唐主命安南都护，送至四人，使者未至，唐钦州熟昆仑适至昆仑，广成等潜从之往唐，与阿倍仲麻吕相见，仲麻吕为请唐主，给船粮发回。广成取途于渤海，渤海王使胥要德、己珍蒙等送广成，海中又遇风，胥要德船覆溺死，广成与己珍蒙入京师；于是遣唐四船得还者三。

（西纪七四八）天宝七年　天平二十年

《唐大和上东征传》　遣唐学问僧荣叡病殁于唐。

（西纪七五〇）天宝九年　孝谦天皇天平胜宝二年

《皇朝编年史》　九月二十四日以藤原清河为遣唐大使，大伴古麻吕为副。

（西纪七五一）天宝十年　天平胜宝三年

《皇朝编年史》　四月遣使奉币天下诸社，以祈遣唐使平安。十一月七日以吉备真备为遣唐副使。

（西纪七五二）天宝十一年　天平胜宝四年

《皇朝编年史》　闰三月九日召遣唐使给节刀。留学生藤原刷雄、膳大立等随入唐。清河等至难波，帝遣高丽福信犒以酒肉，赐御制歌。

《宋史·日本国传》　是年遣使及僧入唐求内外经教及传戒。

（西纪七五三）天宝十二年　天平胜宝五年

《唐大和上东征传》　十二月遣唐副使吉备真备第三舶漂至益文岛。遣唐学问僧普照从归。

《旧唐书·日本国传》 是年又遣使贡。

（西纪七五四）天宝十三年　天平胜宝六年

《皇朝编年史》 正月十六日大伴古麻吕还自唐。初，清河至长安见唐主，唐主命阿倍仲麻吕导清河等视府库及三教殿，又图清河及副使吉备真备貌，纳于蕃藏中，及归，唐主赐诗曰：日下非殊俗，天中嘉会期，念余怀义远，矜尔畏途遥，涨海宽秋月，归帆驶夕飙。因惊彼君子，王化远昭昭！特差鸿胪卿道至扬州。是时仲麻吕请归国，乃与仲麻吕同船而发，遇风漂泊安南，清河、仲麻吕还至唐骧州，会土人作乱，举船被害，清河、仲麻吕，仅以身免，复至长安，遂留仕唐，清河更名河清，为特进秘书监。四月十八日遣唐第四船判事布势人至萨石摩篱浦。

又《唐大和上东征传》唐僧鉴真及其弟子法进、昙静、思讬、义静、法载、法成、智首、潘仙童，胡国人安如宝，昆仑人军法力，赡波人善聪等二十四人附古麻吕第三舶来朝。

又《皇朝编年史》唐僧鉴真归化，始传戒法。四月，帝及上皇太后行幸东大寺，上皇登坛，从唐僧鉴真受菩萨戒；皇太后及帝并受戒，自是戒法大行。

（西纪七五八）乾元元年　淳化天皇天平宝字二年

《皇朝编年史》八月二十五日敕紫微内相藤原仲麻吕，中纳言石川年足等改易官制，实从仲麻吕言，采用唐制也。

（西纪七五九）乾元二年　天平宝字三年

《皇朝编年史》正月二十七日以前遣唐大使藤原清河留唐不还，以高元度为迎入唐大使，内藏全成为判官。二月十九日令元度与渤海使杨承庆俱发，赐书渤海王，护送元度达唐。冬十月十八日渤海王送还内藏全成等至对马。

（西纪七六〇）上元元年　天平宝字四年

《皇朝编年史》　正月五日渤海国王上牒言：迎藤原清河使等九十九人，以方今唐朝禄山先逆命，思明后作乱，内外骚扰，未有平殄，欲导使者，恐被残害；欲且还之，虑违圣意；因令正使高元度等十一人往唐迎清河，判官全成归天朝，故差此使，奉报委曲，并献清河表。

（西纪七六一）上元二年　天平宝字五年

《皇朝编年史》　八月十二日高元度还自唐。初元度与渤海使至唐，唐主使中使宣旨曰：特进兼秘书监藤原清河当依请遣归，而恐残贼未平，道路有艰，元度宜取南路先归复命。即令中谒者谢时和，送度元赴苏州，刺史李岵具大船一艘，使越州浦阳府折冲沈惟岳，别将陆张升等送元度至太宰府。冬十月十日遣使安艺，造遣唐舶四只。元度之还，唐主嘱曰：禄山之乱，多失兵器，今欲造弓，苦乏牛角；卿异日还国，请以牛角相赠！至是敕东山，北陆，山阴，山阳，南海诸国贡牛角七千八百，以遗于唐。十月二十二日以仲石伴为遣唐大使，石上宅嗣为副使。

（西纪七六二）宝应元年　天平宝字六年

《皇朝编年史》　正月六日遣参议藤原真光飨沈惟岳等于太宰府。三月朔遣唐副使石上宅嗣罢，以藤原田麻吕代之。四月十七日遣唐舶从安艺至难波江口，船尾破裂，乃减使人限两船；以中臣鹰取为使，赐节刀，高丽广山为副。七月，中臣鹰取等将送还惟岳等，阻风不能发。八月九日敕留惟岳等于太宰府，召还鹰取等。

（西纪七六三）广德元年　天平宝字七年

《皇朝编年史》　正月十七日渤海使奏：吾国之乱未息。敕太宰府曰：唐国丧乱，使命难通，唐人沈惟岳等，宜安置优给，如怀土愿归者，给船发遣，惟岳竟留仕。同时入朝者张道光、晏子钦、吾税儿、徐公卿、孟惠之、卢如津皆留仕。 五月六日僧鉴真寂。初鉴真从遣唐副使大伴古麻吕来，居东大寺，敕校正一切经；圣武帝师之受戒；及皇太后疾，所进医药有验；授太和上之号。十月六日遣唐学生高内弓与送渤海使镰束还，学僧戒融及优婆塞一人亦从。

（西纪七七五）大历十年　光仁天皇宝龟六年

《皇朝编年史》　六月十九日以佐伯今毛人为遣唐大使，大伴益立，藤原鹰取为副。

（西纪七七六）大历十一年　宝龟七年

《皇朝编年史》　四月十五日御前殿赐遣唐使节刀曰：判官以下有罪专决之。又赐大使，副使御服，赐前遣唐大使藤原清河书曰：汝奉使绝域，久经年序，忠诚远著，消息有关，故今因聘使迎之：赐絁一百匹，细布一百端，砂金一百两；汝其努力，随使归朝，相见不远，指不多及。闰八月六日，先是遣唐使船至肥前松浦郡合蚕田浦，阻风不能进，还博多大津，奏请待来岁夏月；是日敕许之。十一月十五日遣唐使还自太宰府，上节刀，副使大伴益立，判官海上三狩留府待期。十二月十四日罢遣唐副使大伴益立，以小野石根，大神未足代之。

（西纪七七七）大历十二年　宝龟八年

《皇朝编年史》　二月六日，先是命遣唐使，而阻风不得渡海，使人亦频相替，至是使副使小野石根并祭天神地祇于春日山下。 四月廿二日，先是遣唐大使佐伯今毛人病不能行，敕副使小野石根持节行大使事。 六月朔，以佐伯今毛人病未愈，重敕小野石根等到唐之日，彼若怪无大使，量事分疏。石根著紫，犹称别使，持节行事，一如前敕。石根等寻发。 七月遣唐使至唐扬州海陵县，观察使陈少游言，属禄山乱，馆驿凋弊，宜限使人六十人赴京。石根以八十五人进，途得中书门下牒，减使人限二十人，石根请更加二十三人，唐许之。

（西纪七七八）大历十三年　宝龟九年

《皇朝编年史》　正月遣唐使小野石根与大神未足、羽栗翼等四十三人至长安，馆待优厚，中使相属，数日，礼见于宣政殿，进信物，唐主大喜，班示群臣，寻宴石根等，官赏有差。 三月朔，遣唐大使藤原清河卒于唐。 四月唐主命中使赵宝英押送遣唐使，石根曰：海路甚险，勿劳中使！唐主曰：道义所在，不以为劳。时藤原清河已卒，女喜娘从石根还。唐主使杨光耀送至扬州。 十一月，先是遣唐使第三船判官小野滋野先发，逆风破船，众仓皇修缮，至肥前松浦郡。第四船漂至耽罗岛，判官海上三狩等为岛夷所拘；录事韩国源等以四十余人逃还；十日，至薩摩甑岛。先是第一船第二船至苏州候风，是月皆发。第二船至薩摩出水，第一船遇风坏漏，石根等三十八人及宝英等二十五人皆溺死，帆樯俄倒，舳舻断为两段，判官大友继人及喜娘等四十一人乘舳浮沉，不食者六日，漂着肥前天草郡仲岛；主神津守国麻吕及唐判官等五十六人乘舻漂至甑岛。 同月十八日命安艺造遣唐舶二艘。 同月十九日遣藤原鹰取等劳问唐使。十二月十七日以布施清直为送唐客使，甘南备清野，多治比滨成为判官，赠赠唐使赵宝英絁八十匹，绵二百屯。 是岁遣唐明经请益伊豫部家守还自唐，任大学直讲，建议孔子享坐为南面。家守在唐，通五经大义及切韵说文字体。寻转助教，大臣奏令讲《春秋》，《公》《榖》二传。

（西纪七七九）大历十四年　宝龟十年

《皇朝编年史》　二月十三日以下道长人为遣新罗使，迎遣唐判官海上三狩。 三月十日遣唐副使大神未足等还。五月三日唐使孙兴进等来。

十七日飨唐使于朝堂，授位赐物。二十日右大臣大中臣清麻吕飨唐使于私第，敕赐绵三千屯。二十七日唐使还。

《日本国志》 宝龟十年夏四月，唐使孙兴进，秦衍期入都，遣将军发六位以下子弟八百充骑队虾夷二十人充仪卫，迎之城门外；入见帝，致国书信物，帝先问天子安及途次供奉如礼否，慰劳备至。

七月十日遣新罗使下道长人以遣唐判官海上三狩等还。

十月十七日唐使高鹤林等与新罗使俱来。

（西纪七八〇）建中元年　宝龟十一年

《皇朝编年史》 正月三日唐使判官高鹤林，新罗使薩飡金冈荪等朝贺，五日宴唐及新罗使于朝堂。七日再宴唐及新罗使。 是岁遣唐准判官羽栗翼献宝应五纪历经，曰：唐国停大衍历，专用此经。

（西纪七八一）建中二年　桓武天皇天应元年

《皇朝编年史》 六月二十四日送唐客使布势清直还自唐，上节刀。

（西纪七九六）贞元十二年　桓武天皇延历十五年

《皇朝编年史》 四月二十七日渤海使献方物告国哀，且致还唐学僧永忠等书。

（西纪八〇一）贞元十七年　延历二十年

《皇朝编年史》 八月十日以藤原葛野麻吕为遣唐大使，石川道益为副。

（西纪八〇三）贞元十九年　延历二十二年

《皇朝编年史》 五月二十二日遣唐大使藤原葛野麻吕遭风不得渡海，还上节刀。

（西纪八〇四）贞元二十年　延历二十三年

《皇朝编年史》 三月二十八日复授遣唐大使藤原葛野麻吕节刀如

唐；当时遣使口宣辞命无国书云。伴少胜雄以菩恭充使员，留学生橘逸势，学问僧最澄、空海、义真等从焉。十二月，先是遣唐使发肥前田浦，洋中遇风，第三第四两船漂回；藤原葛野麻吕，判官管原清公两船漂荡三旬余，至唐福州长溪县，县吏疑其无符信责之，葛野麻吕赠书福州观察使辩之，观察使阎济美使葛野麻吕等二十三人赴长安，唐主令内使赵忠以飞龙厩细马迎之，葛吕麻因监使刘昂进信物，昂传命慰劳，明日礼见于宣化殿，即设内宴，官赏有差。唐人呼葛野麻吕曰兴能，葛野麻吕能书，为唐人所称。逸势亦工书，唐人称曰橘秀才。录事上毛野颖人有文才，译语有不通者，颖人代之笔语。

《日本后纪》　七月遣唐使舶自筑紫发，未几遭暴风，藤原葛野麻吕之第一舶漂至唐福州，石川道益之第二舶漂至明州，道益卒于唐，判官管原清公率其众。

《旧唐书·日本国传》　贞元二十年遣使来朝，留学生橘逸势，学问僧空海……

（按《新唐书》，"海"字下有"愿留肄业"四字，此疑漏脱。）

（西纪八〇五）永贞元年　延历二十四年

《日本后纪》　五月遣唐使第一舶，第二舶发自唐明州。六月第一舶至对马，第二舶至肥前。七月遣唐使第三舶自肥前庇良岛发向唐，忽遭南风，漂至孤岛，判官三栋今嗣等脱身上岸，射手数人随舶浮流，不知所终。

《皇朝编年史》　七月十四日遣唐大使藤原葛野麻吕等还自唐，僧最澄随归。最澄姓三津氏，近江人，七岁受学，十二出家，习维识，博深经论；延历初，创根本中堂于比叡山，然以学无师承，常有浮海之志，从遣唐使管原清公如唐，见国清寺僧道邃，道邃器之，授一心三观之旨，又见佛陇寺僧行满，行满尽以荆溪诸籍付之，又受三部灌顶密教于僧顺尧，至是归朝，献所获经论疏记二百三十余部，五百卷，又《金字经》《法华经》《金刚般若波罗蜜经》等经，智者大师禅镇白角如意等，帝乃诏道澄守遵等受新写天台教文，后奏加新天台法华宗，当时佛法有华严、法相、三论律，至是为五宗，最澄始建灌顶道场，修其所传灌顶秘法于高雄寺，以当时高僧勤操、圆澄等八人为弟子受教，灌顶法至此始。 八月九日召入唐僧最澄于殿上，悔过读经，最澄献所赍佛像。

（西纪八〇六）元和元年　平城天皇大同元年

《皇朝编年史》　先是高桥远成聘于唐，是岁以橘逸势，僧空海还。初，逸势为留学生，以二十年为期，然以唐主供给其薄，不能留而还。

《橘逸势传》　八月，空海、橘逸势等从遣唐判官高阶远成归朝。

《旧唐书·日本国传》　贞元二十年遣使来朝，留学生橘逸势，学问僧空海……元和元年日本国使判官高阶真人上言：前件学生艺业稍成，愿归本国，便请与臣同归。从之。

（西纪八一〇）元和五年　嵯峨天皇弘仁元年

《灵仙三岁行历考》　是岁七月入唐僧灵仙奉唐帝敕，与罽宾国之三藏般若等译大乘心地观经夹，翌年三月译成上献。

（西纪八二二）长庆二年　弘仁十三年

《皇朝编年史》　六月四日僧最澄寂，最澄建延历寺于比叡神地，特崇斯神，号曰大比叡神；已而如唐国，受戒于台州天台山寺，及归朝，图籍神威以弘其法，至弘仁中奏请建戒坛于比叡山，以拟天台，朝廷亦从而尊之；最澄著述甚富，弟子以义真、圆澄、圆仁等最著，皆继任天台座主，贞观中谥传教大师。

（西纪八三四）大和八年　仁明天皇承和元年

《皇朝编年史》 正月十九日以藤原常嗣为遣唐持节大使，小野篁为副使；常嗣，葛野麻吕子也，父子相继聘唐，时人荣之；篁，妹子五世孙也；帝多选一时材艺之士从之，卜部平麻吕善卜，良岑长松善琴，藤原贞敏善琵琶，良技清上善笛，管原梶成善医，皆膺选。

（西纪八三五）太和九年　承和二年

《皇朝编年史》 三月廿一日僧空海寂，空海妙草隶，死年六十三，延喜中谥弘法大师，后人与最澄并称。

（西纪八三六）开成元年　承和三年

《皇朝编年史》 二月朔为遣唐使祀神祇于北野。三月二十四日帝御紫宸殿，赐宴于遣唐大使藤原常嗣等，诏萃臣五位以上赋诗饯之，常嗣上寿，帝为之举杯，即赐常嗣，又赐御制诗及御衣御被砂金。二十六日奉币五畿内七道各神，为遣唐使祷。七月，遣唐第一、第三、第四船皆遭风涛而还，第三船漂荡洋中，柁折船漏，将没，判官丹墀文雄曰：吾等同死无益，不如坏船作筏，各自求津，众乃坏船作筏散去，或着太宰府，或着肥前，或着对马。八月二日，召还遣唐使人六百余，留判官录事各一人修船，敕太宰府，遣人海岛，寻觅漂人。九月十五日遣唐入京。

（西纪八三七）开成二年　承和四年

《皇朝编年史》 三月，遣唐使发。七月二十二日太宰府驰传言，遣唐使遭风而回。

（西纪八三八）开成三年　承和五年

《皇朝编年史》 三月二十七日，以遣唐使发遣动有风波之变，命太宰府度僧九人于国分及香袭、筥崎等寺，专心行道，以祈海路安稳。四月五日敕五畿七道诸国，自遣唐使进发至归朝，讲《海龙王经》，转读《大般若经》。七月五日遣唐使自太宰府发。十二月十五日流遣唐副使小野篁于隐岐。先是藤原常嗣为大使，篁为副使，既发，遭风破船，不得进而还。再赴唐，初定使船次第，常嗣所乘居第一，号太平良，最为坚硬；第二船篁所乘，次之；第一船毁坏，常嗣欲夺篁船，奏请换次第，许之，篁愤恚曰，朝仪不定，二三其言，遂称病笃，不复上船，作《西道谣》，刺遣唐之事，多犯忌讳，因免为庶人，窜于隐岐。

《入唐求法巡礼行记》 是岁学问僧圆仁、圆栽[①]、圆行、常晓、戒明、义澄等入唐。

（西纪八三九）开成四年　承和六年

《皇朝编年史》 正月七日，先是藤原岳守检唐货物，得元稹、白居易诗集，献之，帝甚耽悦，是日，授从五位上，是后白氏之诗大行，海内文士，莫不讽诵模拟。 三月十六日以遣唐知乘船事件有仁，历请益刀岐雄贞，历留学生佐伯安道，天文留学生志斐永世等逃匿不行，流之佐渡。 九月十六日持节大使藤原常嗣还自唐，十七日帝御紫宸殿召常嗣，主嗣上唐主书。 十月廿五日陈唐货于建礼门前，令内藏寮官人及内侍等交易，名曰宫市。

《入唐求法巡礼行记》 是岁请益僧常晓、戒明、义澄随遣唐使归朝。

（西纪八四〇）开成五年　承和七年

《皇朝编年史》 四月廿八日遣唐知乘船事管原梶成驾小舟还大隅，初梶成与准判官良岑长松及良枝清上俱发唐，遇风漂荡南海，众不知所向，忽至一岛，岛夷来击，清上被杀，梶成、长松拒战却之，乃集破船材，各造小船逃还。

（西纪八四一）会昌元年　承和八年

---

① 按：此处"圆栽"疑为"圆载"之误。

《入唐求法巡礼行记》 是岁秋学问僧惠萼及圆载弟子仁济、顺昌入唐。

（西纪八四二）会昌二年　承和九年

《入唐求法巡礼行记》 是岁春惠萼为求五台山供料于本国，乘唐人李邻德船归朝。

（西纪八四三）会昌三年　承和十年

《皇朝编年史》 十二月九日遣唐学僧圆载，弟子仁好、顺昌与新罗人张么靖等俱至长门。

（西纪八四四）会昌四年　承和十一年

《皇朝编年史》 七月二日附僧仁好赐金圆载、圆仁；圆仁亦学问僧也，初帝令圆仁从藤原常嗣往唐，圆仁因唐人李邻德裕请留学，唐主不许，及常嗣航海，圆仁潜留，唐人觉之，送附良岑长松船，适遭风至登州，遂留于唐。

（西纪八四六）会昌六年　承和十三年

《入唐求法巡礼行记》 是岁圆仁弟子性海附唐人李邻德船入唐。

（西纪八四七）大中元年　承和十四年

《皇朝编年史》 七月八日僧仁好、惠运、惠萼等至自唐，上圆载表状，唐人张友信等三十七人从之归化。九月十八日入唐僧慧云献孔雀、鹦鹉、狗。十月二日僧圆仁以弟子性海、性惟正及唐三十二人乘新罗商船还自唐。

《入唐求法巡礼行记》 是岁日本人神御井等船至唐明州。

（西纪八四九）大中三年　仁明天皇嘉祥三年

《皇朝编年史》 是岁唐商舶至太宰府。

（西纪八五三）大中七年　文德天皇仁寿三年

《皇朝编年史》 是秋僧圆珍附唐商钦良晖舶赴唐，路遭飓风，漂至琉球，遥见数十人执戈矛岸上，时风息，不知所赴，圆珍祈佛，忽得东南风，获免。

（西纪八五八）大中十二年　文德天皇天安二年

《智证大师传》 六月圆珍等乘唐商李延孝舶归朝。

（西纪八六〇）咸通元年　清和天皇贞观二年

《皇朝编年史》 二月廿五日，僧真济寂，姓纪氏，从空海学；承和初如唐，洋中破船，济驾片木，随浪漂荡二十三日，同船者皆死，特济及真然得不死。

（西纪八六二）咸通三年　清和天皇贞观四年

《头陀亲王入唐略记》 九月真如法亲王（即高岳亲王）及从僧宗叡、贤真、惠萼、忠全、安展、禅念、惠池、善寂、原懿、献继等乘唐商张友信舶入唐。

（西纪八六四）咸通五年　贞观六年

《皇朝编年史》 正月十日僧圆仁寂、圆仁年十五入京师师最澄，随使如唐，后为延历寺座主，赐谥曰慈觉大师。

《三代实录》 八月唐僧法惠住筑前观世音寺为通事。

（西纪八六五）咸通六年　贞观七年

《三代实录》 是岁学问僧宗叡乘李延孝舶归朝。

（西纪八六七）咸通八年　贞观九年

《皇朝编年史》 九月四日藤原贞敏卒；贞敏少耽爱音乐，好鼓琴，最善琵琶，承和中为遣唐使准判官赴唐，时唐人刘二郎善琵琶贞敏赠沙金二百两请受业，二郎即授两三调，未几，殆尽其妙，二郎重授谱数十卷，以女妻之，女亦善琴筝，贞敏习新声数曲，及将归朝，二郎为设祖筵，赠以紫檀、紫藤琵琶各一张，贞敏持归，终为朝廷重器，所谓玄象、青山是也。

（西纪八七四）乾符元年　贞观十六年

《皇朝编年史》　六月十七日遣大神巳井，多治安江等于唐市香药。

（西纪八七七）乾符四年　阳成天皇元庆元年

《三代实录》　闰三月延庆寺僧济诠、安然、玄昭、观溪等四人入唐求法，至太宰府。

《皇朝编年史》　八月太宰府言：前月唐商人崔铎等六十三人驾船一只来筑前，问其所以来，铎言送还贵国使多治安江等。敕安置出云供给之。僧智聪留学于唐者二十余年，至是与唐人骆汉中俱还。智聪奏曰：汉中，唐国处士，博综众艺，愿加优恤。诏给衣粮。

（西纪八八一）中和元年　元庆五年

《皇朝编年史》　是岁在唐僧中瓘言：高岳亲王欲渡流沙，至罗越国薨。高岳以贞观三年为僧，往唐求法，至是薨。

（西纪八八四）中和四年　元庆八年

《皇朝编年史》　三月二十八日僧宗叡寂，宗叡贞观中从高岳亲王如唐。

（西纪八九一）大顺二年　宇多天皇宽平三年

《皇朝编年史》　十月二十九日天台座主圆珍寂，延长中赐谥智证大师。初自最澄传台教后，圆仁、圆珍等继兴，朝廷尊崇甚至，延历寺由是日盛。

（西纪八九四）乾宁元年　宽平六年

《皇朝编年史》　五月，唐使来聘，并致在唐僧中瓘上太政官表。七月二十二日赐在唐僧中瓘砂金一百五十两。　八月二十五日以管原道真为遣唐大使,纪长谷雄为副使。时僧中瓘在唐,告以其寇乱,道真因奏曰:臣谨按僧中瓘去年三月附商客书,具载唐国凋弊,中瓘虽区区旅僧,为圣朝尽其诚,代马越鸟,岂非习性,臣伏检旧记,聘使渡海,或不堪命,或没于贼,能达者无几,此中瓘所忧也,愿以其状遍下公卿博士议,国之大事,不独为身,且陈款诚,伏请处分。竟不果行。

(西纪八九五)乾宁二年　宽平七年

《皇朝编年史》　五月十五日唐使入朝。是月(五月)敕罢遣唐使。

四

自隋大业三年之遣隋使以至乾宁二年罢遣唐使,其间共历二百八十八年;乾宁二年,唐虽未尽,然其相距不过十二年耳,且此十二年间虽间仍有一二商人自唐渡日,然自日来者无之,故遣隋唐使与留学生之史事,止于乾宁二年为至当。

年表所列,只其大概,恐遗漏者尚不少,此盖限于参考书籍之故,容他日更补之。

《隋书·倭国传》中有云:"开皇二十年俀(倭)王姓阿每,字多利思北孤,号阿辈鸡弥,遣使诣阙。"《北史》亦有同样记载,殆从《隋书》转录。此段史事不见于日本史籍。开皇二十年即日本之推古八年,其先于大业三年小野妹子使事凡七年。又,《隋书·炀帝纪》:四年三月壬戌百济、倭、赤土、迦罗、舍国并遣使者贡方物。

六年春正月己丑,倭国遣使贡方物。

据日本史籍小野妹子于大业三年七月使隋,大业四年正月还自隋,故炀帝纪所称三月遣使贡方物之倭，以时间言犹可勉谓即小野妹子等，然六年贡方物之事，便不能在日本史籍中得类同之记载。并合开皇二十年，大业四年，六年《隋书》之记载以观，则事虽可信，然必非日本朝廷之使，而四年三月之事与小野妹子无关。

其次关于《宋史·日本国传》之记载，不得不略述，以明其弊。该传文已较前此诸史为详，盖以中日间关系已因年代而渐深，故所知较多，然惜其所载，多属耳闻而非亲见，闻之而又不肯加以研究即草草记录，其谬误之处较前史为尤甚，今节录一小段以明之，至其余即可想见矣。原文曰：

白璧天皇二十四年遣二僧灵仙行贺入唐礼五台山学佛法。次桓武天皇，遣腾元葛野与空海大师及延历寺僧澄入唐，诣天台山传智者正观义，当元和元年也。

桓武之上为光仁，白璧者为光仁之讳，犹山部为桓武之讳也；忽书帝号，忽书帝讳，其杂乱已可见，然犹非大误。光仁在位只十一年，又曰二十四年，则大误矣。又按灵仙入唐，未知何时，据灵仙三藏行历考则有其于弘仁元年——即宪宗元和五年奉宪宗敕与罽宾国三藏般若等共译大乘心地观经梵夹之记载，其事远后于光仁时代也。又其始登五台山为弘仁十一年（元和十五年，亦据灵仙三藏行历考），故所谓二十四年者，毫无根据。至桓武时所遣为藤原葛野麻吕，而误为腾元葛野，僧最澄而曰僧澄；所谓"传智者观义"一语，亦必有误字。彼等入唐为贞元二十年，翌年（永贞元年）藤原葛野麻吕及最澄先归，空海及橘逸势等又翌年归（元和元年），文中谓元和元年者又误。在此小小一段中，其误已如是之甚矣。

五

遣隋使之原因既已上述，至于遣使以后所得之结果如何，其影响于日本文物如何，此非详细检阅当时代及其以后之历史不可，今只检指其派遣人物人数，路由及其从中国携归之学术与品物等，以为研究此问题之工具之一部。

遣隋人物之最足注意者则除小野妹子外，所有随行学生尽属所谓归化人，此虽谓利用彼辈因祖传关系，能通中国语言文字，于学术上之接受较易，然亦可见当时日本文化之低野，而中国文化之在日本影响只及于一部分贵族，其保有之者仍限于归化人也。诸学生中自以南渊请安、高向玄理、僧旻为著，盖彼等尽皆大化改新之最有力者。彼等留学之年限均极长，僧旻二十四年（西纪六〇八—六三二），南渊请安与高向玄理均三十二年（西纪六〇八—六四〇）。

遣隋每度之人数，虽不能确知，然似远不及遣唐时代，盖事属新营，自非遣唐时代有经验后之有组织者之比。

日隋间之交通路，日本史籍中不详，《隋书·倭国传》云：

> 上遣文林郎斐清使于俀（倭）国，度百济，行至竹岛，南望耽罗国，经都斯麻国，迥在大海中，又东至一支国，又至竹斯国。

文中只言度百济而未言自何处发舟度百济，故百济以先之航路无从知，至于自百济以后之经由路与魏时之使略同。竹岛为今何岛，虽不明，然其云南望耽罗国，耽罗即今之济州岛，则竹岛当在朝鲜全罗南道之西南角。都斯麻即对马，一支即壹岐，竹斯即筑紫。《魏志·倭人传》：

从郡（即带方郡）至倭，循海岸水行，历韩国（即后之百济），乍南乍东到狗邪韩国（地在今庆尚南道之南），始度一海至对马国，又南渡一海至一支国，又度一海至末卢国（松浦）。

　　登陆地点，一自壹岐东至博多湾，一则东南至松浦，其异也。
　　遣隋使取道或即与斐清同，盖小野妹子来之翌年而斐清往，斐清当或即依其航路以行也。
　　遣隋时代已属隋末，且诸留学生留中国年代甚长，其归时概在唐代，故遣隋之当时在中土所获甚微，仅为遣唐之先锋耳。
　　此外关于遣隋时代之史事，颇有可疑之点。如斐清（日本史籍作斐世清），日本史籍谓其有国书，书中云云，颇疑伪作，其第一句"皇帝问倭皇"中所谓皇帝、所谓倭皇，即均不能令人置信；且后又谓小野妹子自隋还时为百济夺隋答书，帝先下群臣议其罪，忽又置此事不问。且斐世清与小野妹子俱来，斐世清既有国书，何以小野妹子复携有答书？百济何以又只夺妹子书？

六

　　遣唐时代与遣隋时代远异，无论在年限上、规模上、组织上均远出遣隋时之上。特于航路上，则遣唐不如遣隋时，殊堪注意，盖两度遣隋及斐世清之往来航海，均未尝遭险，而遣唐使则往往遇风浪，船覆人亡，不可胜计。其最显之原因则为隋时之交通，如上述取道于朝鲜，沿岸以行，此以当时幼稚之航海术言自较妥稳；最初数次之遣唐亦沿此线以行，故亦甚少发生危险，及后改从博多湾向东或东南直航，横切黄海而至我国江浙，即频遭难。然何以数遭难而仍走此？被遣之使间即有因此畏避不行者。朝廷方面又宁为彼等祈神读经，濒行原赐之，归时又进位升阶等种种方法以慰之而不改行旧路，此实深足研究。议者有谓原因新罗之掣阻，如《唐书·日本传》所云"新罗梗海道，更繇明越州朝贡"者近是，盖新罗自与百济者有隙，因求助于唐以共灭百济，而日本尝助百济，故于日本为仇，自是日使遂不能不改道以行也。

　　遣唐时代期间，人数、组织等均较繁大，今略分遣唐使与留学生述之如下：

　　（甲）关于遣唐使　遣唐之任命前后计十九回，而期间有受命后止行者三，故实只十六次耳，日人木宫泰彦氏之日支交通史中有表甚明，今转录如次：

遣唐史一览表

顺序	名称	随从官	人数	船数	出发年月	归国年月	备考
一	大上御田锹 药师惠日				舒明二年（西纪六三〇）八月	舒明四年（西纪六三二 贞观六年）八月	
二	遣唐大使 吉士长丹		一百二十一人	一	孝德白雄四年（西纪六五三 永徽三年）五月	孝德白雄五年（西纪六五四 永徽五年）七月	
	遣唐副使 吉士驹						
	遣唐大使 高田根磨		一百二十人	一	孝德白雄四年（西纪六五三 永徽三年）五月		
	遣唐副使 扫守小磨						
三	遣唐押使 高向玄理	判官 书直 宫道阿弥陀 岗宜 置始大伯 中原间人老 田边鸟		二	孝德白雄五年（西纪六五四 永徽五年）二月	齐明元年（西纪六五五 永徽六年）八月	
	遣唐大使 河边麻吕				（第一舶）		
	遣唐副使 药师惠日						
四	坂合部石布 津守吉祥			二	（第二舶）	齐明七年（西纪六六一 龙朔元年）五月	

续表

遣唐史一览表

顺序	名称	随从官	人数	船数	出发年月	归国年月	备考
五	送唐客使守大石 坂合部石积	吉士岐弥 吉士针间			天智四年（西纪六六五年）十二月 麟德二年	天智六年（西纪六六七年）十一月 乾封二年	送唐使刘德高等
六	送唐客使伊吉博德 笠诸石				天智六年（西纪六六七年）十一月 乾封二年	天智七年（西纪六六八年）正月 总章元年	送唐使司马法聪大约仅至百济，盖十一月出发翌年正月即归
七	河内鲸				天智八年（西纪六六九年）总章二年		
八	遣唐执节使栗田真人	大佑 许势祖父			文武大宝元年（西纪七〇一 嗣圣十八年）正月任命二年六月自筑紫发	文武庆云元年（西纪七〇四年）七月 副使巨势邑治于庆云二年（西纪七〇七）四年三月归国大使坂合部大分与元正朝之遣使共归	
	遣唐大使高桥笠间	中佑 鸭吉备麿					
	遣唐副使坂合部大分	小佑 扫守阿贺流					
	高桥笠间大使辞大使职，代以坂	大录 锦部道麿					

续表

遣唐史一览表

顺序	名称	随从官	人数	船数	出发年月	归国年月	备考
	合部大分，巨势邑治充副使	少录 白猪阿磨 少录 山手亿良 大通事 垂水广人 伊吉古磨					
九	遣唐押使 多治比县守 遣唐大使 阿倍安磨 遣唐大使 大伴山守 遣唐副使 藤原马养	大判官一人 小判官二人 大录事二人 小录事二人	五百五十七人	四	元正灵龟二年（西纪七一六 开元四年）八月任命养老元年（西纪七一七 开元五年）三月自难波发	元正养老二年（西纪七一八 开元六年）十月	

续表

遣唐史一览表

顺序	名称	随从官	人数	船数	出发年月	归国年月	备考
十	遣唐大使 多治比广成 遣唐副使 中臣名代	判官 平群广成 判官 田口养年富 判官 纪马主 判官 秦朝元 准判官 大伴首名 判官四人 录事四人	五百九十四人		圣武天平四年（西纪七三二 开元二十年）八月任命 同五年四月自难波发	（第一舶）天平六年十一月 （第二舶）天平八年七月 （第三舶） （第四舶）	
十一	遣唐大使 藤原清河 遣唐副使 大伴古麿	判官 大伴御笠 巨万大山 布势人主	第二、第三舶共二百二十余人	四	孝谦天平胜宝二年（西纪七五〇 天宝九年）九月任命 同四年闰三月自难波发	（第一舶）天平胜宝六年正月 （第二舶）天平胜宝五年十二月	

续表

遣唐史一览表

顺序	名称	随从官	人数	船数	出发年月	归国年月	备考
十二	遣唐副使 吉备真备	判官四人 主典四人	九十九人	一	淳仁天平宝字二年（西纪七五九乾元二年）正月任命 同二月出发	（第四舶）天平胜宝六年四月	
	迎入唐大使 高元度	判官 内藏全成 录事 羽栗翔				天平宝字五年八月	迎前遣唐大使藤原清河
十三	遣唐大使 仲石伴 遣唐副使 石上山宅嗣藤原田麻吕副使						淳仁天平宝字五年（七六一）命安艺国造使舶四只，以仲石伴为遣唐大使，石上宅嗣（后以藤原田麻吕代之）为副使。送牛角于唐并送唐使沈惟岳等归，及使舶成，自安艺至难波一舶坏遂寝，故以中臣鹰主遂唐客大使，高丽广山为副使，七月将发不得便风，又止行
十四	送唐客大使 中臣鹰主 副使 高丽广山			二			

续表

遣唐史一览表

顺序	名称	随从官	人数	船数	出发年月	归国年月	备考
十五	遣唐大使 佑伯今毛人 遣唐副使 大伴益立 藤原鹰主 罢副使大伴益立 以从五位上小野石根同大神末足充之，大使佐伯今毛人病不能行，以副使石根为大使			四	光仁宝龟六年 (西纪七七五 大历十年) 六月任命同八年六月自筑紫发	(第一舶) (第二舶) 宝龟九年十一月 (第三舶) 宝龟九年十月 (第四舶) 宝龟九年十一月	送还唐使孙兴进等
十六	送唐大使 布势清直	判官 甘南备清野 多治比浜成		二	光仁宝龟八 (西纪七七七 大历十二年) 二月任命十年五月自难波发	桓武天应元年 (西纪七八一 建中二年) 六月	
十七	遣唐大使 藤原葛野麿 遣唐副使 石川道益	判官 菅原清公 三栋今嗣 高阶远成 甘南备信影 准判官 笠田作		四	桓武延历二十年 (西纪八〇一 贞元十七年) 八月任命，同二十二年自难波发，未几遇暴风舶坏，更修缮，至同二十三年七月乃自筑紫发	(第一舶) 延历二十四年六月 (第二舶) 延历二十四年六月	

遣唐史一览表（续表）

顺序	名称	随从官	人数	船数	出发年月	归国年月	备考
十八	遣唐持节大使 藤原常嗣 副使 小野篁	录事 山田大庭 上毛野颖人 准录事 朝野庵取 判官四人 录事四人 判官 长岑高名 菅原善主 藤原丰 准判官 藤原贞敏 良岑长松 录事 山代氏益 松川贞嗣 大神宗雄 伴须贺雄	六百五十一人 但第三舶百四十人未行	四	仁明承和元年（西纪八三四 大和八年）正月任命同三年七月自筑紫发，遇暴风第三舶坏，翌四年七月三舶再发，又遇暴风，至五年七月发	（第三舶） （第四舶）	

续表

遣唐史一览表

顺序	名称	随从官	人数	船数	出发年月	归国年月	备考
十九	遣唐大使 菅原道真 副使 纪长谷雄	准录事 高丘百兴 舟樶高主 县主益雄 判官四人 录事四人					宇多宽平五年(西纪八九四)乾宁元年)三月在唐僧日中瓘者来报唐廷乱状道真因奏渡海困难,请停

观上表,则于当时之组织、情况已可知其概略。遣唐诸使及随从官,类皆为当时国内知识界之第一流人物,而其最要条件则为精通汉学。同或不长于此而有技之长如良岑长松之善琴,藤原贞敏之善琵琶等亦入选者,则于唐代文化之吸收欲之增涨也。至遣唐使诸人归国后类皆就朝廷之重要位置,是则当然之理。然遣唐使归国后对于唐代文化之散播情况,程度与结果如何,则非于当时及其后日本历史过细研究,不能言之;此唯有俟诸将来国人之共同努力而已。

（乙）关于遣唐留学生　在普通一般文化之吸收，自属于遣唐使及其随从官诸人，然在学术上尤其对于佛学之摄取则殆皆留学生；彼等留唐年代较长，所得较多，而于图籍之携归亦特多。今试就案旁所置史料检录如次：

最澄携归者

在台州求得经疏及记等，都合一百二十八部三百四十五卷。在越府取本写取经并念诵法门，都合一百二部一百一十五卷。

外见进经一十卷，及天台智者大师灵应图一张，天台大师禅镇一头，天台山香炉峰送栙及柏木文释四枚，说法白角如意一柄。

（右据最澄之传教大师将来目录。详目载原书中）

空海携归者

新释等经都一百四十二部二百四十七卷。

梵字真言赞等都四十二部四十四卷。

论疏章等都四十二部一百七十卷。

佛菩萨金刚天等像，法曼陀罗、三昧耶陀罗，并传法阿阇梨等影共一十铺。

道具九种。

阿阇梨付嘱物一十三种。

（右据空海之御请来目录。详目载原书中）

又：

刘希夷集四卷，王昌龄诗格一卷，贞元英杰六言诗三卷，飞白书一卷，德宗皇帝真迹一卷，欧阳询真迹一卷，张谊真迹一卷，大王诸舍帖一首，不空三藏碑一首，岸和尚碑一铺，徐侍郎宝林寺诗一卷，释令起八分书一帖，谓（？）之行草一卷，鸟兽飞白一卷，狸毛笔四管，急就章一卷，王昌龄诗格一卷，杂诗集四卷，朱书诗一卷，朱千乘诗一卷，杂文一卷，王智章一卷，赞一卷，诏敕一卷，及释经图记一卷。

（右据弘法大师正传）

常晓携归者

经、论、疏及记等都合三十二部六十卷。

诸尊像一十四驱。

护摩炉坛样十五种。

栖灵寺阿阇梨传付道具二十七种。

（右据常晓和尚请来目录。详目载原书中）

圆行携归者

新请来真言经法，都二十六部三十三卷。

梵三部四卷。

显教经论疏章等，都四十部八十八卷。

佛舍利都三千余粒。

附属物三种。

佛像曼荼罗图样都十二种。

道具都十六个。

（右据圆行之灵岩寺和尚请来法门道具等目录。详目载原书中）

圆仁携归者

经疏章传等一百三十七部二百一卷及曼荼罗并印契坛样诸圣者影及舍利等。

（右据圆仁之日本国承和五年入唐求法目录。详目载原书中）

又：

火乘经律论，总一十二部一十二卷。

梵汉字真言仪轨赞，总三十一部三十一卷。

章疏传记，总四十九部六十三卷。

曼荼罗坛样并传法和上等影，总二十二部。

外：

杭越寄和诗并序一帖，沙门清江新诗一帖，判一百条别二道一帖，只对仪一帖，任氏怨歌行一帖（白居易），寒菊一帖，揽乐天书一帖，叹德文一帖，杂诗一帖，祝元膺诗一帖，杂诗一帖，前进士驰肩吾诗一卷，汉语长言一卷，波斯国人形一卷。

又：

经颂四，梵语杂名一，坛样十八，胎藏手印样一，秘密仪轨等五。

（右据圆仁之慈觉大师在唐送进录，详目载原书中）

又：

在长安城，所求经论章疏传等，四百二十三部，五百五十八卷，胎藏金刚两部大曼荼罗及诸尊曼荼罗坛像并道具等二十一种。

在五台山，所求天台教迹，及诸章疏传等，三十四部，三十七卷，并台山土石等三种。

在扬州，所求经论章疏传等，一百二十八部，一百九十八卷，胎藏金刚两部大曼荼罗及尊坛样，高僧真影，及舍利等，二十二种。

（右据圆仁之入唐新求圣教目录。详目载原书中）

惠运携归者

真言，经，仪轨等合一百八十卷及舍利梵夷坛像等。

（右据惠运禅师将来教法目录，详目载原书中）

又：

经，仪轨等合二百二十二卷。

（右据惠运律师书目录，详目载原书中）

圆珍携归者

于福府开元寺求得经论疏记等，总计一百五十六卷。

（右据圆珍之开元寺求得经疏记等目录。详目载原书中）

又：

经过福州、温州、台州求得经论律疏记外书等，都计四百五十八卷。

(右据圆珍之福州温州台州求得经律论疏记外书等目录。详目载原书中)

又：

胎藏金刚两部经，法等一百一十五卷及两部曼荼罗并道具等。

(右据圆珍之青龙寺求法目录。详目载原书中)

又：

在长安城求得昆卢遮那宗教法，兹图像道具，及国清禅林等寺，传得智者大师所说教文，兹碑铭等，兼诸州所获别家章疏，总计三百四十一本，七百七十二卷，及梵夹法物等，前后总计一十七事。

(右据日本比丘圆珍入唐求法目录。详目载原书中)

又：

自两京两浙岭南福建道求得大小二乘经律论传记，并大总持教曼荼罗桢，天台圆顿教文及诸家章疏抄记杂碎经论梵夹目录等，前后总计四百四十一本一千卷，道具法物等，都计一十六事。

(右据圆珍之智证大师请来目录。详目载原书中)

宗叡携归者

真言、经、仪轨、杂法门及杂书等合一百三十四部，一百四十三卷，影像坛样等十九张及道具舍利等。

(右据宗叡之新书写请来法门等目录。详目载原书中)

以上所举，特不过其中一部分人所携归者而已，然已如是其繁多矣。至于当时流于日本之书籍等总约几何，殊不易于稽考。日支交通史中有遣唐留学生一览表，于当时留学生之概略及其所携归之品物，搜记颇博，释录如此：

遣唐留学生一览表

人名	入唐年代	习得之学艺宗教	归朝年代	在唐年数	携来及杂篆
道严	白雉四年（《日本书纪》）				
道通	同				
道光	同	学律宗归（《三国佛法传通缘起》）	天武七年（同上）	二十五年	著四分律抄录文（《三国佛法传通缘起》）
惠施	白雉四年（《日本书纪》）				文武二年三月任僧正（僧纲补任）
觉胜	同				殁于唐（《日本书纪》）
辨正	同				《怀风藻》所见之辨正为别人
惠照	同				
僧忍	同				
知聪	同				途死海上（《书纪注》）
道昭（道照）	同	至长安就玄奘学法相宗。又以玄奘命学禅（《日本续纪》）	齐明七年？	八年？	携来经论甚多，置平城右京禅院。于元兴寺东南隅建禅院居之，后周游天下，于穿井架桥等社会事业，多所建树，文武四年圆寂，火葬于栗原，火葬自此始。（《日本续纪》）法相宗第一传（《三国佛法传通缘起》）
定惠（贞慧）	同	至长安于惠日道场学神泰（《贞慧传》）	天智四年（《书纪注》）	十二年	镰足子，开大和多武峰（《贞慧传》）

续表

遣唐留学生一览表

人名	入唐年代	习得之学艺宗教	归朝年代	在唐年数	携来品及杂纂
安达	同				
道观	同				
巨势臣药	同				
冰连老人	同				
知辨	白雉四年（《书纪注》）		白雉五年（《书纪注》）	一年	
义德	同		持统四年（《日本书纪》）	三十八年	
坂合部连磐积（石积）	白雉四年（《书纪注》）				奉天武朝敕撰新字一部四十四卷（《日本书纪》）
道福	白雉四年（《日本书纪》）				没海死（《日本书纪》）
义向	同				同
惠妙					死于唐（《书纪注》）
智国					同
智宗	白雉四年？		持统四年（《日本书纪》）	三十八年？	
义通					没海死（《书纪注》）

续表

遣唐留学生一览表

人名	入唐年代	习得之学艺宗教	归朝年代	在唐年数	携来品及杂纂
妙位	齐明四年（《书纪注》）		白雉五年（《书纪注》）		
法胜	同		同		
高黄金			白雉五年（《书纪注》）		
智通		至长安就玄奘、窥基受无性众生义传法相宗。（《日本书纪》）			法相宗之第二传（《三国佛法传通缘起》）
智达		同			同
间人连御厩					
依网连稚子					
道久（道文）			天智十年（《日本书纪》）		行至新罗朱入唐持统三年归朝（《日本书纪》）
筑紫君萨野马			同		
韩岛胜婆婆			天智十年（《日本书纪》）		
布师首磐			同		
土师宿祢甥			天武十三年（《日本书纪》）		

续表

遣唐留学生一览表

人名	入唐年代	习得之学艺宗教	归朝年代	在唐年数	携来品及杂纂
白猪史宝然			天武十三年（《日本书纪》）		
净愿			持统四年（《日本书纪》）		
智藏	天智朝（《怀风藻》）	于吴越间就高学尼学三论宗（《怀风藻》）	持统朝（《怀风藻》）		三论宗之第二传（《三国佛法传通缘起》）
辨正	大宝中（《怀风藻》）	谒唐玄宗以善为棋见爱（《怀风藻》）			死于唐。秦朝元为辨正在唐之储（《怀风藻》）
道慈	大宝二年（《续日本纪》）	至长安学三论、法相，又谒善无畏（《三国佛法传通缘起》）	养老二年（《续日本纪》）	十七年	与神叡夫称释门之秀者。著愚志一卷，效唐长安西明寺规模建大安寺（《续日本纪》）。三论宗之第三传（《三国佛法传通缘起》）
智凤	大宝三年（《三国佛法传通缘起》）	就濮阳智周学法相宗（《三国佛法传通缘起》）			庆云二年为维摩会讲师（《扶略记》）。法相宗之第三传（《三国佛法传通缘起》）
智鸾	同	同			法相宗之第三传（《三国佛法传通缘起》）
智雄	同	同			同
胜晓					
玄昉	养老元年（《续日本纪》）	就濮阳智周学法相宗（《三国佛法传通缘起》）	天平六年（《续日本纪》）	十七年	赍经论五千余卷及诸佛像（《续日本纪》）。法相宗之第四传（《三国佛法传通缘起》）。养老四年十二月与唐僧道荣受命共正转经唱礼（《续日本纪》）

续表

遣唐留学生一览表

人名	入唐年代	习得之学艺宗教	归朝年代	在唐年数	携来品及杂纂
吉备真备	养老元年（《续日本纪》）	至长安学经史（《续日本纪》）	天平六年（《续日本纪》）	十七年	贺唐礼一百三十卷，大衍历经一卷，大衍历立成十二卷，测影铁尺一枚，铜律管一部，铁如，方响，写律管声十二条，乐书要录十卷，弓箭等（《续日本纪》）
大和长冈	同	学刑名之学（《续日本纪》）	天平六年（《续日本纪》）	十七年？	精刑名之学与吉备共首奏删定律令二十四条
阿倍仲麻吕	养老元年（《续日本纪》）				天平胜宝五年与孝谦朝遣唐大使藤原河共归朝漂至安南，再归唐，仕于唐
理镜	天平五年？		天平八年（《婆罗门僧正碑》）	十九年？	伴中天竺婆罗门僧正菩提仙那归（《婆罗门僧正碑》）
荣叡	天平五年？	始学于洛阳，长安后从扬州龙兴寺鉴真（《唐大和上东征传》）			与普照共迦鉴真归朝不果，天平二十年殁于唐（《唐大和上东征传》）
普照	天平五年？	同	天平五年（《唐大和上东征传》）	二十年？	天平宝宝三年奏请朝廷道路植果树（《扶桑略记》）
玄朗	同	同			据《唐大和上东征传》，于天平十五年首途归国，然果曾归国否不明
玄法	同	同			同
业行					据《续日本纪》，天平宝字七年五月条与荣叡共劝鉴真东归然此恐为普照误传

续表

遣唐留学生一览表

人名	入唐年代	习得之学艺宗教	归朝年代	在唐年数	携来品及杂纂
金文学					本名不明，据《文苑英华·沈颂诗》有"送金文学还日东"一题。异称日本传谓金文学似为吉备真备
藤原刷雄	天平胜宝四年？（《续日本纪》）				藤原麻吕第六子，坐仲麻吕乱流莱隐岐，后被赦，桓武朝为大学头
膳大丘	天平胜宝四年（《续日本纪》）	至长安子国子监学儒学（《续日本纪》）			归国后为大学助教，后为博士。神护景云二年七月奏请孔子号文宣王（《续日本纪》）
行贺	天平胜宝四年？	学唯识、法花两宗（《扶桑略记》）		十三年	携来教要文五百余卷，又笔削法花经疏弘赞略，唯识金议四十余卷（《扶桑略记》）。延历十五年为大僧都（《日本后纪》）
船连夫子			天平胜宝六年（《续日本纪》）		天平胜宝六年十一月授外从五位下，辞不受（《续日本纪》）
高内弓			天平宝字七年（《续日本纪》）		
戒融			天平宝字七年（《续日本纪》）		
永忠	宝初（《元亨释书》）	涉经论且学律（《元亨释书》）	延历初（《元亨释书》）		斋律吕旋宫图，日月图各一卷，律管十二枚（《元亨释书》）
戒明	宝龟初（《延历僧录》）				宝龟三年与得清共携圣德太子所著胜鬘经义疏及法华经义疏入唐僧与扬州龙兴寺灵佑

180　古代中国与日本

续表

遣唐留学生一览表

人名	入唐年代	习得之学艺宗教	归朝年代	在唐年数	携来品及杂象
得清					同
智藏					《文苑英华·刘禹锡诗》有"赠日本僧智藏"。但天智朝入唐之智藏当为别人，从天代推知
鉴禅师					本名不明，《文苑英华》有"赠日本鉴禅师"一题为司空图诗
楮山人					本名不明，《文苑英华》有"送楮山人归日本"一题为贾岛诗
朴山人					本名不明，《文苑英华》有"送朴山人归日本"一题为释无可诗
伊豫部家守		学五经大义及切韵说文之字体	宝龟九年		归朝后建议定孔子享坐南面，被举为大学助教（《国史纪事本末》）
栗田饱田麻吕			延历二十四年?		后纪延历二十四年十月余正六位上
善议					道慈弟子，称三论宗之法将。弘仁三年八十四岁圆寂。（《日本后纪》）
最澄	延历二十三年（《叡山大师传》）	至天台山从道邃学天台，又至越州龙兴寺从顺晓学密教（《叡山大师传》）	延历二十四年（《叡山大师传》）	一年	赍来经疏等二百三十部四百六十卷及佛画和尚法门道具等（传教大师进官录上表，比叡山最澄和尚法门道具等目录）
（最澄释语）义真					据《叡山大使师行状记》《扶桑略记》等为最澄之释语而入唐，是任来均随最澄

续表

遣唐留学生一览表

人名	入唐年代	习得之学艺宗教	归朝年代	在唐年数	携来品及杂纂
(最澄傔从)丹福成					据传教大师携来之台州录，及越州录，澄之傔从而入唐
空海	延历二十三年(《大师御行状集记》)	至长安就青龙寺惠果学密教	大同元年(《大师御行状集记》)		赍来新译经等一百四十二部二百四十卷，梵字真言赞等四十二部四十四卷，论疏章三十二部一百七十卷及佛像，祖师影，真言道具等(《御请来目录》)
灵仙	延历廿三年(《灵仙三藏行历考》)			二年	弘仁元年于长安醴泉寺从事翻释般若三藏等及大乘心地观经梵夹(《灵仙三藏行历考》)。后居五台山数年于灵境寺被毒杀(《入唐求法巡礼行记》)
圆基					据圆珍行历抄，唐贞元(桓武朝)中留学僧圆基伴称眼疾归国
橘逸势	延历廿三年(《橘逸势传》)	至长安历访明哲受业(《橘逸势传》)	大同元年(《橘逸势传》)	二年	唐中文人呼为秀才(《文德实录》)
金刚三昧					本名不传，为日本唯一之入兰僧。唐元和十三年(弘仁九年)与蜀僧广昇共登峨眉山，事见《酉阳杂俎》《新村博士日本南国关系史料》
圆行	承和五年(《灵岩寺和尚传》)	至长安就青龙寺义真学密教(《灵岩寺和尚请来法门道具等目录》)	承和六年(《灵岩寺和尚传》)	一年	赍来经论章疏六十九部一百廿三卷及佛像佛具等舍利等(灵岩寺和尚请来法门道具目录)

续表

遣唐留学生一览表

人名	入唐年代	习得之学艺宗教	归朝年代	在唐年数	携来品及杂纂
常晓	承和五年（《常晓和尚请来目录》）	至淮南就栖灵寺文璨教密教（《常晓和尚请来目录》）	承和六年（《明匠略传》）	一年	赍来经论三十一部六十三卷及佛像、佛具等（常晓和尚请来目录）。又携来大元帅像置山城宇治法琳寺，始行大元帅秘法（《续后纪》）
戒明	承和五年？		承和六年？	一年？	据圆仁《入唐求法巡礼行记》为亡明朝判官谙益入唐，然不入京
义澄	同		同	一年？	戒明之弟僧，入唐而不许入京，因改为遣唐判官佛从入京（《入京求法巡礼行记》）
真济					为真言请益，于仁明朝乘遣唐使第三舶入唐，舶遇难，遂木果（《续后纪》《三代实录》）
真然					同
圆仁	承和五年（《入唐求法巡礼行记》）	于扬州就宗叡学梵语，后诣五台山，至长安，就元政、义真学密教，又从南天竺宝月学悉昙（《入唐求法巡礼行记》）	承和十四年（《入唐求法巡礼行记》）	九年	携来经论章疏传记等五百八十四部八百二卷，胎藏金刚界两部、大曼陀罗等诸尊坛像，舍利瓶，僧真影等五十九种（《入唐新求圣教目录》）
(圆仁从僧)惟正	同		同	九年	圆仁弟子，圆仁在唐中常随从（《入唐求法巡礼行记》）
(圆仁从僧)惟晓	同				圆仁弟子，从圆仁入唐，客死长安（《入唐求法巡礼行记》）
性海	承和十三年（《入唐求法巡礼行记》）		承和十四年（《入唐求法巡礼行记》）	一年	圆仁弟子，得圆仁之许，送国善信及信物入唐（《入唐求法巡礼行记》）

续表

遣唐留学生一览表

人名	入唐年代	习得之学艺宗教	归朝年代	在唐年数	携来品及杂纂
(圆仁行者圆珍释语) 丁雄万（丁满）	第一回 承和五年（《入唐求法巡礼行记》）		承和十四年（《入唐求法巡礼行记》）	九年	初名丁胜小磨为遣唐使舶水手入唐，后为圆仁行者改名丁雄满（丁满），圆仁在唐中常随从唐求法巡礼行记》）
	第二回 仁寿三年（《圆珍台州府公验》）		天安二年？	五年？	为圆珍释语入唐，据圆珍行历抄及台州府公验知之。其归朝亦与圆珍同时
圆载	承和五年（《入唐求法巡礼行记》）				元庆元年时与智聪共乘唐商李延孝船归朝，途中遇难死（《智证大师传》《扶桑略记》）
(圆载从僧) 仁好	第一回 同		承和十年（《续后纪》）	五年	圆载弟子，从圆载入唐，后因为圆载归国请衣粮（《入唐求法巡礼行记》）
	第二回 承和十一年（《续后纪》）		承和十四年（《续后纪》）	三年	携朝廷赐圆仁，圆载敕金入唐，归朝时携圆载表状（《续纪》）
(圆载行者) 伴始满	承和五年（《入唐求法巡礼行记》）				为圆载行者从国载入唐，归朝与否不明
刀岐直雄贞					从仁明朝遣唐使留学，因亡匿被流于佐渡（《续后纪》）

续表

遣唐留学生一览表

人名	入唐年代	习得之学艺宗教	归朝年代	在唐年数	携来品及杂纂
佐伯直安道					
志斐连永世					
春苑宿称玉成	承和正年（《续后纪》）		承和六年？	一年？	为遣唐阴阳师兼阴阳请益入唐，传难易一卷，教阴阳寮诸生（《续后纪》）
菅原梶成	承和五年（《文德实录》）	明达医术，因请义疑义入唐留学（《文德实录》）	承和六年（《文德实录》）	一年	同
长岑宿称高名	承和五年？		承和六年？	一年	归朝称针博士，后为待医（《文德实录》）
圆觉（田国觉田口圆被）	承和五年？				据圆仁《入唐求法巡礼行记》，留学僧圆载托送叡山书信四通黑角如意一柄
圆修					据圆仁《入唐求法巡礼行记》，田圆觉、行历抄称田口圆觉。似于承和七年入唐，承和七年以来久居五台山，后至长安，圆珍入唐时扶之抄写圣教曼荼罗等（《智证大师请来目录》）
顺昌	承和八年？		承和十年（《续后纪》）	二年？	据圆珍行历抄，承和十年登天台山，知留学圆载犯尼，大慨叹
仁济	承和八年？				圆载弟子，其名见于圆仁《入唐求法巡礼行记》。圆载使者归国请衣粮与仁好同归朝
					圆载弟子，其名见圆仁《入唐求法巡礼行记》。但不知何时归朝

续表

遣唐留学生一览表

人名	入唐年代	习得之学艺宗教	归朝年代	在唐年数	携来品及杂纂
惠萼	第一回 承和八年（《头陀亲王入唐略记》《入唐求法巡礼行记》）	巡拜五台山，登天台山（《入唐求法巡礼行记》）	承和九年（《入唐求法巡礼行记》）	一年	为求五台山供料归国（《入唐求法巡礼行记》）
	第二回 承和十一年（《入唐求法巡礼行记》）		承和十四年（《续后记》）	三年	据《文德实录》所载，携橘皇后所作绣文袈裟及宝幡镜笈入唐，施之彼地僧众及五台山，想即此时之事。元亨释书所载杭州灵池寺齐安国师并书迦其弟子义空归，当亦此时之事
	第三回 贞观四年（《头陀亲王入唐略记》）		贞观五年（《头陀亲王入唐略记》）	一年	从平城天皇皇子真如法亲王入唐（《头陀亲王入唐略记》）
惠运（惠云）	承和九年（《安祥寺惠运传》）	巡拜五台山圣迹并就长安青龙寺义真学密教（《安祥寺惠运传》）	承和十四年（《安祥寺惠运传》）	五年	赍来真言经轨一百七十卷（《惠运禅师将来教法目录》）及孔雀一鹦鹉三、狗三以献于朝廷（《续后纪》）
圆珍	仁寿三年（《智证大师传》）	于福州开元寺就中大竺之般怛罗学悉昙，巡拜天台山于越州开元寺学天台山经，洛阳至长安就法全学密学（《智证大师传》）	天安二年（《智证大师传》）	五年	赍来经论章疏四百四十一部壹千卷，道具法物等十六种（《智证大师传请来目录》）

遣唐留学生一览表（续表）

人名	入唐年代	习得之学艺宗教	归朝年代	在唐年数	携来品及杂纂
(圆珍从僧)闲静					据《圆珍之台州府公验》《智证大师请来目录》等，随圆珍入唐，其归朝当亦与圆珍同时
(圆珍行者)的良					同
(圆珍行者)物忠宗					同
(圆珍行者)大全吉					同
(圆珍从僧)丰智(智聪)	仁寿三年(《圆珍台州府公验》)		元庆元年(《三代实录》)	二十四年	为圆珍从僧入唐，后改智聪留于唐，真如亲王侧入唐时从之入长安，后与圆载共乘李延孝船归国，途中遇难，再漂至唐，元庆元年归朝(《圆珍行历抄》《头陀亲王入唐略记》《智证大师传》《三代实录》)
真如法亲王(高丘亲王)	贞观四年(《头陀亲王入唐略记》)	自明州经洛阳入长安得渡天竺符经广州入天竺(《头陀亲王入唐略记》)			据在唐僧中瓘之申状则谓亲王欲渡天竺，至罗越国殂(《三代实录》)
(真如法亲王从僧)贤真	贞观四年(《头陀亲王入唐略记》)		贞观五年(《头陀亲王入唐略记》)	一年	随真如法亲王入唐(《头陀亲王入唐略记》)，贞观九年领近江滋贺郡比良妙山法叔胜两官寺(《三代实录》)
(同)忠全	同		同	一年	随真如法亲王入唐(《头陀亲王入唐略记》)

续表

遣唐留学生一览表

人名	入唐年代	习得之学艺宗教	归朝年代	在唐年数	携来品及杂纂
(同)宗叡(宗睿)	同	随真如法亲王入唐，巡礼五台山圣迹，上天台山于大华严寺行千僧供养，又学于长安洛阳（《三代实录》）	贞观七年（《宗叡书写请来法门目录》）		赍来经论章疏一百三十四部一百四十三卷（《宗叡书写请来法门等目录》）
(同)安展	同				随真如法亲王入唐（《头陀亲王入唐略记》），归朝年月不明
(同)禅念	同				同
(同)惠池	同				同
(同)善叔	同				同
(同)原懿	同				同
(同)献继	同				同
壹演					真如法亲王弟子，入唐学真言，归朝后住山崎相应寺学真言行法，日夜诵读金刚般若经（《今昔物语》）

日本之遣隋唐使与留学生　　187

续表

遣唐留学生一览表

人名	入唐年代	习得之学艺宗教	归朝年代	在唐年数	携来品及杂纂
中瓘					元庆五年十月送书报真如法亲王薨去（《三代实录》）。宽平六年三月讬唐人王讷告唐国凋弊（《菅家文章》）
以船	贞观十六年（《三代实录》）				贞观十六年六月十五日以船入唐敕大宰府赐当内正税稻千束（《三代实录》）
济诠（济诠济撰）（《三代实录》）	元庆元年				乘唐舶渡海，海上为贼杀（《明匠略传》）
安然					元庆元年与济诠共入唐，下大宰府（《明匠略传》）
玄昭					同
观溪					同
三慧	元庆六年（《智证大师传》）				元庆六年奉圆珍命搜写阙经三百四十卷入唐（《智证大师传》）
好真					据《入唐五家传》，唐景福二年（宽平五年）闰五月十五日好真喋所载，据此则为当时之在唐僧
弘举					据在唐僧好真喋，宽平五年八月十六日发太政官符使大宰府给在唐中弘举衣粮（《入唐五家传》）

七

本文所载，只当时使隋、唐及留学之史料及诸使与留学生概况，然已颇占篇幅。盖前后几经三百年，人数数千，为历史中罕有之盛事，而影响于日本文化最深、最重。故无论中国、日本均应加以详细之研究与察考，以张其盛。以前注意及此者并非谓无人，然未能详尽。兹篇之旨，特不过以供来者之一种参考资料而已。简陋未尽，所不计也。

原载于《日本研究》第一卷第六号，1930年6月
《日本研究》第一卷第七号，1930年7月
《日本研究》第一卷第八号，1931年1月

光绪八年朝鲜李(大院君)案与朝日定约史稿

马相伯先生序

  光绪八年张靖达公与总署函商朝鲜大院君案,仅开端之件,而乐素竟能旁搜博采,辑成完史;不独其才有足多,亦青年中于国家史事有知觉者。惜其中大院君被逮前有笔谈纸廿四幅,不知落于谁手;不然,亦据事直书之绝妙好小说也。

庚午冬九一老人相伯

蔡元培先生序

  陈君乐素好治史,近年尤注意于中日相关之史料,屡有所作,载诸《日本研究》杂志,凡留心日本问题者皆传诵焉。顷又从马相伯先生许,得前清张总督树声与总理各国事务衙门往来函件之关于朝鲜李昰应一案者,乃搜集我国人及韩日两国人有关是案之记载,排目辑录,以纪是案之始末,而附张督与总署往来函件之原文于其后,使读此项函件者,得一具体之观念，意至善也。观张督直字第十八号致总署函，已言"日本夙谋专制朝鲜，朝臣阴附日人者亦复不少云云，直字第二十号复总署函"，已言现在此间只有新购两快船及杨威一练船，实恐不敷调拨；镇海一船，方入坞修理；此外口船，则船小炮大，且一船只有一炮，系属守口之用。树声已电属江海关邵道禀明南洋，预备登瀛洲，驭远兵轮两号……并饬招商局亦预备轮船装运，以防不敷云云。直字第二十二号致总署函又言"上海道来电：驭远敝朽，已改调澄庆"云云：借知日本人之阴谋，及我国海军之程度，在当局固已知之甚谂；而迁延十二年，不自振作，致酿甲午之变，益见清廷之无能为，而革命之不容已也。

中华民国十九年十二月一日蔡元培

黄炎培先生序

陈君乐素著《光绪八年朝鲜李（大院君）案与朝日定约史稿》成，以吾稍稍有关系，属为序。

吾始游朝鲜，在民国七年七月。行其故都，入其废宫，遗民之导游者，犹能道大院君闵妃故事，为之恻怆，十六年重游，流连逾月，归途博考百二十九种图书，成"朝鲜"一册，其第三章，则朝鲜二千余年史略也。今年七月，访马相伯老先生，谈及清光绪八年朝鲜大院君倡乱事，谓有直隶督署往来文件多种，得自张振轩（树声）之文孙翼庸，今交乐素。急向乐素索阅，摘其要，付《人文月刊》第七期发表，名曰"清光绪八年处理朝鲜大院君倡乱事件密档之一斑"，而以全部文件有统系的发表，留待乐素，今乐素旁参博证，经两个月之整理，裒然成帙以行矣。

是役也，乱发于清光绪八年六月初九，丁汝昌、马建忠于同月二十七日抵朝鲜，而日舰已先至。七月初七日吴长庆率五舰至，十三日吴丁马以计致李昰应，十五日并致其子训练大臣载冕，即日分兵搜捕，乱党散，十七日日鲜《济物浦条约》成，二十日李昰应被解抵津。首尾仅五十日。

是役之所以速了，得力于乱魁李昰应之被禁，此事发议于马，驻日使臣黎庶昌议亦同，观六月二十八日马自朝鲜上直督禀及七月初五日黎致直督电可见。事成而马被参，诬其主谋日朝立约事，九月十九日廷谕李鸿章、张树声查复（见《光绪朝东华录》），十月十二日李张奏雪完案。

是时，清廷慈安太后先一年崩，慈禧一人柄政，相臣李鸿章，左宗棠出任封疆，留内廷者宝鋆、灵桂、文煜、李鸿藻。其掌军机，实为恭亲王奕䜣。

是时，日本行新政已逾十年，国内南进北进两派争议方剧，琉球实于前此三年被割，夷为县。

是时，越南之役已发端，廷谕但责慎防滇粤，坐视法兵节节进逼，无力援救，国弱寖露。越二年，遂结《中法天津条约》，越十二年乃有甲午之役之一败涂地。

读此书者，东亚大势可考而知也。

民国纪元十九年十二月七日黄炎培序于人文社

自序

　　本年二月间承丹徒马相伯老先生出示钞件一束，谓得自张树声之孙冀牖君者；为张任署直隶总督时关于朝鲜李昰应变乱一案与总署往来函件，固前此所未公诸世者。予受而读一过，则诚史家之珍也，当为之发表；然惜仅为当时全事件之部分，必更为搜集，乃成全豹。顾以他种工作未了，放置竟逾半年，月前乃得为罗致当时重要役员如李鸿章之《李文忠公集》及马建忠之《适可斋记行》，其他如日人之《日清战史》，韩人之《韩国历代小史》……并而编整之；其范围自闻乱起以致释放李昰应回国止。

　　斯事之起，虽起于李昰应，然影响所及，及于中日；研究近代远东史者，欲知朝鲜沦亡之源者，欲知日本吞并朝鲜之手段、计划与步骤者，欲知清廷对于藩属之政治措施者，似均有助焉。

　　兹篇为史稿而并非定史，故不避冗滥之诮，以留待编史者之审选。其间有缺漏未全者，尚乞读者诸君随时指示更正！不胜厚幸！

　　马老先生盛意，至深感铭！谨志谢。

目　录

一　闻乱

二　马丁赴朝

三　诱致李昰应及朝日议约详情

一　闻乱

光绪八年（公历一八八二）六月十七日出使日本大臣黎庶昌电致署直隶总督张树声云：

外务大辅来告："中六月初九高丽乱党突围日本使馆，打死一人，伤数人；日使花房等逃至仁川，又被高兵围阻；后得上英船，载至长崎。现拟派兵船三只前往查办此事。"特电知。恳录呈总署。

十八日又电云：

日本兵船即赴高丽，中国似宜派兵船前往观变。同日张接该两电，即函总理衙门报告，并谓：

莼斋谓宜派兵船前往观变，似亦题中应有之义。已饬北洋水师提督丁汝昌预备快船两号，兵船一号伺候；如须派往，可借筹议中高商务为名，惟高人求助，日人问罪高人，皆在意中；或可竟作调人。然必得熟习交涉事宜，能达权变文员同往。马道建忠堪胜是役，惟昨已轮赴皖至少荃中堂处商禀中高通商章程；顷已电嘱在沪守候。应否飞饬该道刻日折回？

函去，同时嘱津海关道周馥与朝鲜领选使金允植电一晤询一切。笔谈如下：

周：朱湛然别驾顷往日本领事处探询情形，大抵与电报同，但死伤几人，不得知耳。惟乱党系何人，因何起衅，无从探悉。逐日本使臣，似非贵国王之意。此事如何结局，高见能料得几分否？

金：逐邻使生衅，万万非寡君之意。想不逞喜乱之徒，借斥和以启衅祸；但乱党为谁，在此无缘得知。日本人谅必不致疑于敝朝廷。如敝邦捕得乱首正法以谢。庶几解其愠而远外事。未可知也。

周：所谕近是；第恐日人借端要挟，而贵国枢府不娴外交，致受亏累。现甫闻电报，故速奉告。

金：借端要挟，不无是虑。但日本与各国通商之时，亦屡经此难，未闻西人借端寻事；然情形各殊，未可一定也。恨隔海无电线之信，向后事不能续闻。

十九日周复晤金允植及鱼允中 [注二] 笔谈：

周：顷见制军，知已将昨日黎星使电报飞告总署，二十一日当有回信。此时派人前去，无可着手；或就丁军门巡洋之便，东往探视，师舰行时，如制军属执事派人偕往，亦可就搭至鸭绿江等处上岸回国问讯一切。

金：今天与鱼一斋（即鱼允中）面商此事，非系一时乱党之所为；去年李载先、安骥泳之谋逆也，亦欲先逐日本人；今闻逐使之事与昨年事相符。既已聚党逐使，而敝朝廷不能禁，则嗣后事必不止此而已，将奈何？若国内有事而不能自定，日本人借端突入干预要挟，则局面终难挽回。弟等之意：烦乞中国饬派兵船几只，陆军千名，戒严以待。更乞快轮一只，派行中人先往探回；如事机不至张大，则幸矣，如或不幸而如所料，则伐叛讨逆，扶危定乱，并自中国主之，即敝邦之所深愿，至幸也；毋使日人乘机取便焉。敝邦今断断不能无事，愿深思！陆军并载水舰以往，不必从旱路进，且但平内乱，不过乱党几名，不须多发。

周：总俟师船东发探明，再作商量。

金：现本国情形，虽未的确；滋事之由，酝酿久矣。彼既逐日人，不当如此罢手而止，必有难言之危机。今请上国调停，不特制日人而已；兵机尚速，乞赐预算！迟恐无能为消弭之术。

周：乱党将逐日人而继以拒西洋各盟耶？

金：以昨年乱党设计论，不特绝倭洋，将谋不轨之变云云。此党亦必师其余智矣。

二十日张复接黎同日电，云：

日船于十七、八先后赴高，水兵七百余，另有步七百。外务卿井上馨［注三］亲往督办，已于昨日动身。日廷虽非决策用兵，然众情甚嚣，实在准备。我兵船之去，似宜从速。

于是即以该电并周金，周金鱼笔谈录致总署，谓：

拟俟十八日所上书接奉赐覆，准令派船前去，即令丁提督汝昌先带两船东驶。借巡游为名，确探日船到朝后如何举动，朝鲜乱党如何情形，立时驰报。至或令马道建忠自沪折回，或由钧署派何子峨［注四］一行，即随后另坐一船继去。

二十一日张续接黎电云：

外务来英文信一件，大意谓：王后，使馆，同日被击。此次派兵赴高，系保护应办事权，并非意在打仗。属为转达政府。词尚平正，容译寄呈。然则中国亦应派兵镇压，责高丽惩办凶徒，以谢日本。

同日接总署十九日覆十八日函，对于派丁汝昌预备兵船及电致马建忠在沪守候办法同意，并着张迅饬马建忠等先行带船前往，以观动静，相机办理。又着电告黎将派员调停情形告知日本外部，因即遵电饬马建忠刻日折回，并令丁汝昌酌带两船先往。黎处亦即将派员调停情形电告。

是日张以调派陆兵，恐势不能已，因又专函约淮军统领吴长庆刻日来津晤商；以其时淮军庆字各营驻扎登州，一日夜即可抵朝鲜也。

二十二日金允植函复周馥，群告朝鲜政况，盖周曾以此询之。函云：

……兴宣君李昰（古夏字）应是寡君之本生父也。寡君奉康穆王妃命，入继康穆王统。兴宣乃私亲也，素日危谋，即图得权柄之计；而自甲戌（同治十三年）以来，结党蓄谋，形迹屡著，再次放火于王宫。或使人放火于国戚信臣之家。指日皆归。而以其处不死之地，且十年秉政［注五］之余，气焰尚□，不敢谁何，而不逞趋赴之徒，实□有党，显然拥护，与国为敌。昨年逆魁李载先［注六］，即兴宣之子也。诸囚供案，屡发兴宣之阴，而寡君置之不欲闻，止诛余党。盖昨年逆党私立三号：一，天字号，犯官废立之事也。一，地字号，芟灭国王信臣及干涉外务之人也。其一，蜂字号，即逐出日人之事也。因事机不得遂意。今闻逐使之举与犯官同时并作，是其去年余谋，皎然易知。若乱党不即散灭，嗣后事将无所不至矣。寡君自嗣位以来，至诚事大，小心寅畏，失德未有彰闻。惟闻时局大变，外交难拒，禀天朝之命，成议约之事；实为保宗社安生命之苦心。而彼乃以拒和为义，修好为卖国，昌言讨罪，鼓煽众心，酿成今日之变。故三号之目，一则逐邻使也，一则灭干涉外务之人也。此其声罪废置，□其私欲之桥柄也。且伏念中堂使天朝字小之仁，庇护小邦，无口内服；凡有人心，宜当感激铭骨。而顾此凶党，无端诟骂，嗾其群不逞之徒，屡疏毁斥。寡君随发严惩。怨毒愈深。盖其意欲闭海一隅，流毒生民，无所愿惮之计也。万一若有废置之变，必即遣使奏请，构捏成文，归吾君以不仁不孝之科。言念及此，尤所痛心而疾首者也。伏愿大人预陈此意，以明寡君之无罪，不幸处此人偷之变也，□犹以君之私亲也，故讳不敢言；今形迹天露，国事至此，尚何怀隐而不尽暴冤乎？探信回来之前，尚祈默览勿宣是望！

同日周再晤金允植笔谈：

周：昨黎星使电报：日本外务卿接井上馨来信，彼日王官同时被击。此去非志在打仗，不过保自有权利。属告中国。语气甚平正云云。然倭人之计固难测也。丁雨亭军门现已预备师船多号，分布海洋岛、烟台各处；自带三船先发，一俟到岸，即可得详细情形，回告制军当有办法。

金：自有权利，是自护之权利耶？语虽平正，计固难测。

周：权利在势亦无穷尽。惟李某向与日人密好，若此举阳逐日人，阴谋篡夺，借日人之力，以遂其攘位之私。我兵声罪致讨，济弱扶倾，义也，而牵涉日人，日人或以李党为傀儡，诬正为邪，昵仇为恩，使我师不能撒手讨贼，日人与李党是非淆乱，彼时必得有贵国臣民伸大义者襄助一切，更易为力。

金：李党与日人相好，断无是理，通商修好之举，唯寡君力主，故日人亦尝善待之。举国愚见，皆以外务为非，故李某借此为啸聚徒党收拾人心之资，恐未暇与日人阴谋也。其为人狠戾自用，亦有才干。既已逆取权柄，更思媚结邻好，以固其权，未可知也。但现虽得志于国内，以四海观之，实为独夫，不足畏也。苟自上国声罪致讨，不患无口。彼乌合乱党，何敢撄锋？日人亦应同愤，必无助彼之理。

周：闻李山响［注七］与日人亲密，然耶？

金：此人没主张。其子载兢年少有识见，颇谙外务。子在时亦善待日人，此所以有与日人亲密之语。今其子已亡，山响莫所适从，惟以斥倭斥洋为主，盖亦顾畏其弟之威焰也。

周：平内乱非陆师不可，约用精旅几何能了？

金：以愚所见，彼方新得柄，人心未定，不过一千足以办事，亦不必打仗，以弹压乱党，镇守王京为辞，先致书于政府，晓谕勿惊，则必不敢动；既入京城，便可围住其第，以康穆王妃命，数其罪而赐之死，则名正言顺，为国除害，此一机会也。

周：俟探回当密陈制军，知会统兵大员，照此意行之。惟此十余日中，日人兵船已去，且载陆兵，未知日人能为除乱党否也，抑将干预贵国篡夺事也。

金：若李某得柄，日人之来，必不肯先行乞和，或恐有多少打仗之事，继此以往，日人所为，实难预度。因以上岸直进，借名讨乱，以至干预国事，谁能保其必无耶？所以愿中国速派兵丁，毋在日人之后者也。虽以赔给言之，敝邦不曾经惯此等事务，是任其所求，将不知限度。兵船出去时，邀能识此务之人从旁调停，似好；此则虽洋人似无不可耳。

二十三日早丁汝昌出自天津，往烟台；张接马建忠电，亦谓于是日自沪北来，取道烟台，因函附丁，嘱马迳由烟台与丁迅即东渡朝鲜。二十四接总署二十三日函云：

二十一日晚间接直字十八号信函（按，即二十日函），二十二日午刻又接二十一日信函，知续接莼斋来电，有王宫同日被击等情，中国若不及早派兵前往，诚恐坐失机宜，以后事变迭生，更难收拾。且朝鲜王宫被击，我师更可以援护属邦为正义，而日国使馆在我属邦受警，于谊亦应护持；暗以伐日人借事居功问罪，得肆要挟之谋。应请阁下即行选派将弁，酌调兵船，临机迅赴！一面由本处具折请旨，定于二十四日上陈。……如北洋水师不敷调拨，本处折内亦兼及南洋；不妨电咨南洋添拨，酌调陆师。如兵船不敷载运，即招商局轮船亦可饬调济运。

张即函复，告丁马行程，并谓已电嘱江海关禀明南洋，预备登瀛洲及驭远两兵轮；一俟吴长庆到津商妥，即电调赴烟台。

二十五日下午张续接黎同日电云：

……高丽乱党杀王妃及闵氏大臣十三人，王无恙，王父大院应执政。兵宜速往，无为日人所先。高事定后。应由我国主持国事，庶交涉顺手。

二十六日接总署廿五日函，谓：朝鲜乱党滋事，特派兵援护一折，已于二十四日具奏，奉谕旨速调将弁前往查办。同日并将筹办大略情形照会日本田边署使，且电致黎云：

屡准振轩照录来电，具悉朝鲜乱党滋事各情。本处既已奏请调拨北洋师船并陆军前往援护，以尽字小之义，日本为我有约之国，使馆在我属邦受警，亦应一并护持；并照会田边署使在案。贵处即可据电函致外务，使知中国派兵，系保朝护日之意，日本赴朝后如何情形，日廷如何议论，仍希随时密速电知！

致张函末并嘱派兵前往朝鲜，务望严饬将弁，申明纪律，饷需食用，一切应由中国自行宽备，不可丝毫累及彼国。

二十六日周再晤金，笔谈：

周：制宪已接准总理衙门奏稿，钦奉谕旨速调将弁前往查办。兵舰约今日可到仁川，陆师现已准备候信即发。此中情形与用兵机宜须相应合，方能有济。请将乱党若干人，兴宣与兴寅[注八]载冕等是否一气欲倡废立之议，贵国和者几人；用兵先以粮饷柴草为要，不得不取办本地，临时发银能购得否；山路隐伏，进兵须分几路，以何路为稳；若得乱党聚歼，其善后之策如何筹备；望一一详细见告！将书与统兵大员临时采用。

金：彼虽一时以威力驱使在廷之臣，恐无心服而和者，自初阴结之凶党，则必为之效死。兴宣一门，断不可贷粮饷柴草。寡君方束手拥虚位，谁为之代办？须攻破京城，然后号令乃可行。自仁川进京之路有数处，一路稍平而迤行几里，一路险而稍近，须得本同人向导，乃可进兵。仁川港浅，兵船立于二十里外，再须得少船数只载兵而渡。

周：闻闵系王妃族，有官尚书者，然耶？所杀大臣，或即申□、金宏集、赵宁夏、□□诸人耶？鱼允中、李应浚[注九]等回，有惊否耶？

金：王妃闵氏力主外交之议，故毒祸先及。且自甲戌以来，兴宣常欲作变，国王虽知而无奈；官中夜不息火者九年于兹。闵氏虑孤弱难保，当事巫觋祈禳，又常思结近侍，赏侍颇多，以是取怨于国；然其实皆畏祸自护之计也。闵氏先死者必闵参判泳翊也；此人公忠为国，于外务事始终力担。其次官尚书者泳翊之叔父谦镐，生父台镐，然台镐素能媚事兴宣，力排外务之议，尚冀得免。申则老人，未尝力主和议，祸必不及。金宏集、洪英植等必死；卞元圭、李祖渊等必死[注十]；鱼允中若在国则必死；弟亦同然。凡干涉外交者，必百无一免。李应浚想在路中闻变，必不敢入城。

周：全国不能皆变，即乱党固守海口，我兵亦可节节进攻，但不知实须精旅若干也，王未死，或兴宣不忍之故欤？抑畏天朝册封，不敢遽加毒手耶？将来进兵之日，有无另有变动？王能保无虞否耶？

金：此为最难□变处，彼不弑王者，亦有诵计；盖一则畏天朝，一则御国人之口，使不敢向上而攻也。若一直进兵，不无变动之虑。此事处置，愚意先为下谕，饬兴宣前来军前面问事状，若来，则不死，不来，则举兵讨灭，玉石俱焚。若天威震聋，则彼亦知所畏惮，或当不敢加害国王。

周：若我兵入王京，计仁川距京八十里，此途应驻营以防乱党抄袭否耶？国兵能为乱党用命否？驻营须扼要害，得踞高临下之势，从仁川距京似此地有几处？

金：敝处到处险阻，可防者甚多。虽国兵不习攻战，然或向者一败，则不可复振。若得上岸则节节进兵，保无他虑。仁川距京可以屯兵之处，弟未尝经过，不敢臆对。

周：君才识可赞助君前，将启制军派往，何如？

金：才识则万万无有，但欲随行军中，须得一微衔以便出入戎帐；且于到国之后，须有自护之权，似可防患。弟与鱼允中并愿权借一微职，以便从军。

周：此次军去，必有剿击，恐不能以纸书谕伏。君累世仕族，彼乱党知君在军中，恐斧钺所指，将归怨于君一人矣。贵国危急若此，正臣子报效之日，第恐事后怨深，于君不利。或制军许去，可匿身师舰参谋，昼勿上岸可也。

金：大人曲轸孤臣之情节，感结肺腑！而现今国乱君危，家室已亡，复何怨之可避？第当一依所教，依庇丁军门帐下，如有所询，当竭知而对。且吾君若已遇废立之变，则□布檄声讨可也。

周：日本兵去，能为除乱否耶？

金：若事状一变至此，则彼不应默然而去耳。

周：彼七百步兵，能直捣王京擒贼耶？

金：彼惯知吾国之情，故调兵若是其少，然又必有大兵屯于长崎、釜山等处，闻信即发。

周：马眉叔（即马建忠）今日必到仁川。似此情形，不能上岸。鱼允中将从何处探消息？

金：鱼允中带去随员一人，欲使潜上岸密探，未知果能如意否？

周：仁川府官何人？系乱党私人耶？

金：姓郑，忘其名；虽非乱党私人，现今挟君以号令，谁敢不从？

二十六号吴长庆抵津，与张商定一切，即于二十八午由津赶回登州。而上海来电，因驭远敞朽，改调澄庆与登瀛洲，已起碇北来。同日张将派兵援护筹办情形具折奏闻，并咨达总署。二十九日接黎同日电云：

外部来文，大意言：朝鲜立约，待以自立，须据约照办；使馆国各自护，如派兵护持，恐滋葛藤；希转致总署再思！

注一：金允植原为朝鲜参议，光绪七年九月奉派为领选使来华。

注二：鱼允中原为朝鲜机务主事，光绪八年二月与李祖渊奉派来华。

注三：据《日清战史》，井上馨止于马关。

注四：何子峨即何如璋，光绪二年曾奉派为日本钦差大臣，其时适在津。

注五：李昰应于同治三年秉政，同治十二年罢政，适十年。

注六：李昰应四子：长载冕，次载晃（同治三年即王位，改名熙），三载先，最少者载元。

注七：李山响即李最应，是时任丞相，为李昰应之叔兄。

注八：兴宣为李昰应，兴寅为李最应。

注九：鱼、李何时离津回朝，不详，时六月廿七日鱼在超勇，似即附超勇行者。李则于七月十七日乃至汉城。

注十：查是役周、金所述诸人，除闵谦镐外，余均未与难。

二　马丁赴朝

二十二日马建忠奉电召至烟台与丁汝昌东渡后，于二十五日抵烟台晤丁。二十六日下午三时与丁乘威远即行，超勇、扬威［注一］二舰随之。二十七日午后入仁川口，睹情状如常，即于夜十时移至月尾岛［注二］下碇。日舰名金刚［注三］者已先在，以舢板来问，答之。鱼允中时在超勇，因招来威远，笔谈：

马：今晚姑泊于此，祈即遣人登岸至花岛，将所开各节打探着实，连夜回报！

鱼：花岛不过一堡，其管领亦属微人，恐难探实；派一人入王京直探为计。

马：至花岛打探者，不过知其大略，俾仆等有所准备；至其详当入王京探听。现已饬备舢板，即请派人星夜至花岛一行！阁下不必亲去。舢板即留浦口相候，今晚务必回报为妥！

夜半，往花岛者回，鱼来复命，笔谈：

马：国王现在所处无恙否？
鱼：国王在京安，王妃薨逝。
马：朝臣主政者谁？与国王意见何若？
鱼：朝臣之主政者为谁，未详。

马：初九日乱党作乱情景如何？倡乱者谁？以后他处有无蠢动？

鱼：乱党——即兵卒作乱，为兵粮失时而起，闹杀朝臣李最应，宰臣金辅铉，闵谦镐［注四］等五人。继以游民冲火天然亭（日本使馆），打杀日本六人；日人奔避至仁川，兵卒追至，又杀日本六人。后乃镇定，他处更无蠢动。

马：日本兵舰何日入港？现泊何处？兵数若干？已登岸否？国王曾派人与之商谕否？日使井上馨至否？其指名查办者何事？

鱼：日本兵舶一只，于二十四日来到而旋去。今日又一只入港，兵九十余名，分二处——花岛、甲串津登陆，见镇将，以王京城内外使设使馆之意要请而外，他情形未及详知。尚无查办之举云。

马：兵卒因兵粮失时作乱，其详细究曾探悉否？

鱼：兵卒因减斛与仓吏口角，吏诉于仓堂，□囚兵士，兵士乃萃起作闹，而被杀宰臣，则果非人望。然此事必有根委，一镇吏所传，不可准信。明当派心腹至王京亲友处密探。

马：所派之人，必须探明着实起乱根由与现在贵国办理情形，即速回浦，以便禀告北洋大臣［注五］。

鱼：顷者派至花岛探信使之声言：大人领兵舶来港，为本邦遮护调处……云云。彼镇吏皆欢呼。即欲走告地方，令明日来谒。

马：现在乱党贵国已查办否？

鱼：兵士之杀日人果如所传，则杀人者死，当惩而后与日人办理事宜；此尚未举，是大失着也。

马：与日人办事，须俟贵国查办之后，再行斟酌。仆即欲贵国王亲派一妥当大员前来计议此事，不可再行迟缓。

二十八日清晨，鱼允中自超勇函马云：

更探本邦情形，则国势一翻，有堪痛哭者。创乱之人，另有其人，朝臣之涉外交者，殆无孑遗，至仁川府使郑君［注六］，亦饮药而死，其他可知。即当往谒，而拘于耳目，未克遂诚……

七时，仁川府将校成算连来，笔谈：

马：仁川府郑君现在何处？

成：猝得身病而死，已八日矣。

马：现在仁川府新派何人？

成：新官任荣镐。

马：任君是否国王派来？与李兴宣君相识否？

成：府使今日来到；闻与兴宣君相亲云。

马：国王现在王京否？王妃为何而薨？

成：朝鲜有民挠事。

马：东洋人死若干名？

成：京中死者七名，仁川死者六名。

马：东洋兵已登陆否？

成：昨日百名入仁川府，见其□死埋处，还□入船。

马：即速回仁川请府使来舟一晤。

成：府使知得贵船有何事来临，启闻后来。

马：兵船三艘巡洋至此耳。

十时半，花岛别将金宏臣素服来谒，笔谈：

    马：君素服为谁？

    金：王妃卒逝。

    马：王妃因病薨乎？抑为人所逼乎？须以实对。

    金：今月初十日乱民大作，惊怕而薨。

    马：乱民之作，共有多少？

    金：在镇，其多少不知。

    马：假如现着人送信于国王，可能达到否？

    金：少旋地方官仁川府使来，伏望下问！

    马：仁川府使姓任，向来为国王信任否？

    金：仁川府使以地方官应行之事，信任未可知。

    马：王京城门可任人出入否？

    金：此事问于仁川官，庶可下烛。

    马：李兴宣君现在何处？闻兴寅君已卒，然否？

    金：兴宣君在本宅。兴寅君果卒逝。

    马：兴寅君卒于何日？病乎？

    金：兴寅君今月初十日以民乱惊愕卒。

    马：他人皆惊惧至死，国王何以独能无恙？

    金：乱民不犯国王。

十一时，日本参赞近藤真锡偕管领相浦纪道来，晤谈：

    马：初九日执事可与其事乎？

近藤：朝鲜乱党突然冲入使馆，我兵捍卫，死者七人；后偕花房公使走，奔至仁川，则乱兵又来，我兵捍卫，死者六人；因乱乘间避入朝鲜民船，行至次日，幸遇英国量水船，即乘回日本。

马：吃惊不少。但乱民因何起事？

近藤：昨日访闻，谓减粮起事，但未得其详。

马：王妃何故暴卒？大臣死者数人，究因何故？

近藤：闻李昰应因兵作乱，往见王妃，进以酖酒，谓必饮此，方保无乱，其大臣之死，未知何故。现李昰应大权独揽，甚为猖獗。

马：如此，国王且恐不能自主。花房公使来否？

近藤：花房公使今明可至，后即往王京探明缘由，再行议事。昨日已由仆发信至王京，告以公使不日可至。

马：我北洋大臣曾接我驻扎东京公使来电，因即派船至此探访一切。细观作乱之由，适在各国议和之后，甚为可疑，拟即派人探明起事根由，再行查办，现在最急者当设法将国王脱于乱党之手为要耳。俟花房公使来此，仆当往愿一商。

有顷，近藤等离去，登舰声十五砲礼丁，威远答礼如仪。午后，鱼允中复来笔谈：

马：乱党起事之由，可略知一二否？

鱼：当不避烦猥而陈之。国王由支派入承正统，其私父曰大院君，素是悖戾为性，贪财好色。及于国王入承之时，揽国权，专恣夺人货，嗜杀人；又与日本无端拒绝，几有构兵之事。伊时国王不过坐拥虚位，且绅者亦皆袖手听命；而一种趋附之徒，实繁其数，及国王年长，总揽朝纲，一二臣亦协赞之，夺其权，而一切弊政亦有存革。与日本寻旧好。屡欲朕各国以维系国脉。彼大院君憾于失权，隐养无赖，期寻祸乱者久矣。或密藏火药于王官者而放火者数次，又以爆发药焚杀荩臣。国王以事涉伦常，不欲处之以法，祗剪其党羽；诱之威之者屡矣。于昨年秋，果啸聚党羽，刻日举事。有告之者，幸得收捕乱党，而亦不穷核。彼大院君恃其处于不死之地，期欲举事；其诱惑众心者，曰：斥邪也，绝外交也。无知小民，妄相恃以为前茅者亦有之。昨年逆谋之举，欲分三号：一号，直击王官也；一号，杀异趋之朝臣也；一号，杀日人。今日之事，即昨年之余智。大院君若在，则人谁敢论外交？闻今者乱党先杀大臣宰臣之国王素信任者，继入王官，国王及妃嫔皆奔避；而彼大院君乃劫杀王妃，逼迫太王妃，国王虽不见废，幽闭不与外朝相接；搜杀大小文武之异趣而涉于外交者无遗。人民皆奔避山谷。若于今日不亟亟调处，则日本必大发报复。生民涂炭，社稷将覆。彼大院君必广招炮兵，决计扼守，而国内生灵不保。将如何而国可存，乱可息乎？

马：此等情节，执事从何访问确实？

鱼：前说系在本国耳闻，后论更着人探访，略得大概。

马：现在派人入京，何时可返？

鱼：明天可返。

马：似较迟。明日仆等拟派威远前往天津，将所有情节禀明北洋大臣，火速调兵前来扑灭乱党。但无贵国王亲笔，并无臣民哀恳公状。特恐师出无名，则若之何？

鱼：国王现在幽闭中，亲笔不可得；臣民公状亦难卒办。现任职行走者，必皆慑服，一切辅国王之臣民，非死则逃，何能写公状？

六时，新任仁川府使任荣镐来，笔谈：

马：执事何日出自王京？情景何若？

任：二十二日夜□奉职，二十六陞辞，昨日向暮到邑。息闹已久。

马：执事可知日本现派大兵来此？贵国将何以处之？

任：府使十年山野起废之人，未闻小邦之政。

马：执事山居十年，何以一旦起用！果为何人起用？

任：……昨秋阕关服，今忽为小邦国太公起用。

马：日本已派兵舶来此，我国亦陆续起兵到此以观变动。执事即宜派人星夜至王京密告执政，请其作速从长计议，派大妥当心腹人员至此与仆等筹商一切。

任：下官当报于朝廷，火速下来。

马：此官须为朝廷心腹之人，方可办事，限明晚当至。

是夜马将抵朝后情形及所探得消息，缮函告直督，并云：初九日之变，其为昰应借清君侧之名，剪除国王羽翼，徐以窥伺藩位无疑。夫朝鲜国王李熙者，固我中国大皇帝册封以为该国之王者也。今昰应乃敢以私亲之贵，杀其王妃而幽凶之，其肆无忌惮之心，已可慨见。所不敢遽废国王者，度以人心未定，兵力未集，故稍事迟回耳。设中国略加观望，不为急图戡定，则其害将有不堪言者。惟今之计，莫如仰恳宪台权衡独断，一面出奏，一面檄调陆军六营，即趁威远、湄云、秦安及招商局轮船之在津者东来，乘迅雷之势，直趣王京，掩执逆首。则该乱党布置未定，防御未固，摧枯拉朽，当可逆计。

是夜有日本兵舰名日进者复率一商舶载兵七百余名驶至。二十九日晨丁乘威远回津，并携马函。午日使花房乘商舶入港。五时半马晤之于其舟。三十日晨花房至扬威答拜马（威远行，马过扬威）。鱼允中偕朝鲜校理金玉均［注七］，史馆记注徐光范来，二人盖闻国乱随花房归自日本者。二时赵宁夏、金宏集二使缟服至，赵请屏左右然后曰："敝邦经用甚绌，年来军饷不敷，且频与外国来往，故乱卒莠民，缘以为弊，激而成乱。初九日乱军先杀宰相，□家毁破；翌日仍向王宫咆哮，以至仓皇罔措之中，大院君闻变而赴，抚戢解散。数日之间，上自公卿，下至象胥，毁破其家至于致命甚多。初九日夕，乱军之作也，莠民谓可乘之作乱，欲杀尽日人云；故国家先为秘通于花房，以为准备避祸之计。以是公使及随员率兵队得以免祸，惟路闲游几人遇害。乱军闻花房逃去，追至仁川，又杀几人。我国家当场自救不暇，先机指示日人，以开生路，日人似无憾我国之理。日前伴接官尹成镇见近藤真锄，亦言颠末。渠亦稍有所知矣。"五时复有日本商船载兵入口。曾驻烟台之美国舰名磨那哥者亦尾至。二日间日兵起岸者已七八百名。营于济物浦者约二百余名，仁川者约五百余名。

七月初一日晨九时行承政院左承旨尹用求以国王名帖候丁马起居，并附李昰应名刺，刺有注云：

贱齿六十三，家住云监胡同。子载冕年三十六，曾为翰林编修，现任宗人府一品户曹判书元戎。孙三，幼稚。

旋马得金宏集书，谓作夜十时偕赵宁夏晤花房于仁川，归后赵即星夜赴汉城。十一时半美舰磨那哥舰长高登来谒马，谓其外部闻日高有事，电派以兵舰东来观变，兼劝日兵毋躁进。下午一时半鱼允中之通词金姓者归自王京，谓："汉城民情惶惧，群赴山谷，达市为室，过仁川，见日兵四出执豕攘鸡，闾阎惊扰。来苏之望，咸翘首王师。"傍晚，马接花房华，英文函件各一，一谓："本国来信，称元山于六月十七日有朝鲜乱党拆毁观察使衙门，日本租地戒严，幸未殃及。"一覆马如约缓赴王京，以待赵宁夏返。盖马夜来曾函迟之也。八时复有日舰名比叡者驶至。计二十七日丁马至时，金刚先在，及夜泊月尾岛，又见一艘，二十八日晚来二艘，二十九日进至，初一比叡至；于是前后计日舰之泊汉江者凡六艘。

初二日接李昰应来书言："汉城人心未定，弗克跬步离。"盖覆马之招也；书辞卑巽，深相结纳。下午四时花房书来，谓："明发汉城。"九时赵，金来自仁川，谓花房入京意决，并袖出李昰应书，书盖丐马速赴汉城者。

初三日下午一时又有日舰名清辉者至。九时前驻天津之日本理事官竹添进一郎以花房命来晤马，谈如次：

竹添：今次事件，其初事情不明，敝国人心动摇；幸我庙堂察朝鲜开国未久，外交之事不能熟习，犹我二十年前情况。不敢以兵革争曲直，原之公法，欲妥慎结局。但闻暴徒之余燄尚炽，故以兵员充护卫，乘坐军舰而来，弟亦承命来观动静。以仁川情状察之，朝鲜政府亦似少悔暴举者。故弟以明后日回国，欲陈事情，以安我政府之忧。敢问何如？

马：初九日之乱甚为猖獗，以致酖死王妃，荼戮重臣，诛杀诸臣之有外交者。今日乱势虽平，而死灰未熄，办理此事，甚为棘手。缘执政之人，非出自国王之命；欲与执政办理，则执政之名不正；欲与国王商议，则国王不能自主。不知花房星使此去汉城，先从何处下手？至于乱党滋事，攻击使馆，决非出自该国王朝议；想亦不辩自明。

竹添：彼政府果以王命为名议及此事，则自我观之，犹是名正也，若夫国情，则政党之争，而非开锁之争。故苟得速结局，徐徐察其曲直，亦似无不可。

马：贵国与朝鲜为与国，自不得议其内政。但办理此事，似宜惩办乱首之攻击使馆者，并宜设法为善后之计。若乱党不除，善后终无办法。在花房星使与朝鲜政府，自宜以速结为妙。而弟为大局起见，故汲汲焉以朝鲜朝政为宪耳。

竹添：敝国之意，专在重交谊，非乘人之乱以谋掠夺者。故所求于朝鲜者，不过惩办乱首，并设法以为善后之计。弟所切望者，只有速结局耳。若迁延时日，朝鲜乱民再有暴动，则我国不得已以兵革责其罪；果然，则与国之交绝，而亚细亚全局更岌岌矣。至求偿损害及兵备之费，则万国所同，不得不遵。但敝国之出此，非敢贪财也；故欲从实算之，决不以过当处之也。至善后之策，则想当不出于公使，领事及其眷属得游内地各处，以亲其人民等项也。朝鲜之所以深恶外人者，其原不过少见外人，故每疑怪耳。彼以疑我，故我商人亦激之交怨交疑。果然，则欧洲诸国来通之日亦如此；万一不幸，朝鲜暴徒有攻击欧人之事，则朝鲜之忧更大。故今日为彼之谋，似狎见外人尤为先着。

马：朝鲜贫瘠实甚，国帑空虚，民生匮乏。将来此事结局，忧恤银两，亦情理之常；然索之过多，恐朝鲜亦不堪命。至于兵备之费，弟则难赞一辞。缘朝鲜赋出无多，即使贵国实算以求，不知朝鲜何日偿了。至内地游历，使朝民狎见外人，此论甚塙；但甫乱之后，似不可行之太骤？不识尊意云何？

竹添：我国内人心甚嚣，故借此名以为其心耳。朝鲜之贫廋，敝国知之熟矣，决无不堪之事；若使敝国果有贪利之意，则实彼凌辱我国人之罪，以求过当之价，或求割取岛屿，并非难事。然而我政府之无此心，弟以百口保之，抑朝鲜之于我，当挟猜疑之心，以为今之日本，犹是昔日之日本，而必夺我土地之心，又有取我财宝之心；故今日之事，我政府务以公平处之。

马：既如来教，则专以优给恤银为名足矣。犹忆我国于云南之役，英人亦曾调集兵舰，但结局之时，惟以恤银为名耳。且按之公法，各国交争，亦有不给兵费者。黑海之战，俄之求成也，英法未曾索给兵备之费。意大利屡战屡屈，亦未尝稍给兵费。其战而屈，犹且不给兵备之费，而况贵国以优待与国为心；所调兵舰，专为保护与国起见？若借此有所需索，弟恐以仁始者，他国未必不笑其以利终也。

竹添：请试略言敝国人心动摇之故。朝鲜人之来敝国者，敝国待之极优。客年朝鲜人殴杀我国民三名，今年又围击京城公使馆，至公使逃至仁川，仁川府使欺之，乘其眠，夺我兵器，杀害数人矣。故国人之唱征韩说者，攘臂而起。我政府镇压之，借偿金之名以慰国人之心，非有他意也。所谓军费者，海陆兵在内国，亦给俸禄，船舰亦各有经费；以实算之，固非多费。此等事亦系政略，其实非自求偿起见者。至其恤银，亦决无迫以难堪之巨费。以仁始以利终，尚似未察敝国之情。

马：所谓以仁始以利终者，乃谓外人妄拟之意耳。至贵国民心，初闻滋事之起，自然激于公愤；假如执事将所探实情，归告政府，谓乱党起事，不徒攻击使馆，戕杀贵国人民，而朝鲜臣民均受其害，并且毒及王妃，国人闻之，当亦涣然冰释矣。

初四日晨，马以竹添行将回国，因致书驻日公使黎庶昌，告以朝鲜贫瘠，日索款过巨，恐不堪命；请得问言于日廷。午，以丁率军行且至，超勇因移碇南阳，扬威仍留月尾；盖丁马曾约，军至另由南阳[注八]起岸，免与日军起轇轕。三时马答拜竹添，竹添谓花房来书言：昨次杨花津，韩人劝止未听，已率师直趋汉城。初五日午前赵金及尹用求至，请偕往南阳；并告花房入王京，驻军木觅山下。马因遣员询竹添行止。旋得二函归报：一为花房函，言久留仁川，恐生他变，故迳行前进，于初三抵汉城。一为竹添函，言花房抵汉城后，已与韩吏议事。五时半扬威驶至南阳浦口，以小轮送赵金等登陆。初七日上午九时半，吴长庆与丁率五舰，载兵二千，首威远，日新、泰安、镇东、拱北以次衔尾至。先是丁于念九日上午乘威远离朝鲜回，七月初一日下午抵津，谒署直督张报告一切。将行，张语吴丁，谓："大军抵境，李昰应或不敢肆其顽梗，即宜设法诱致；昰应既得，其党易涣，庶可徐图善后。万一李昰应深闭固拒，则天戈所指，义不旋捕。至于进兵机要，尤当旁嘱日人；须驻扎江口，与水军联为一气。"初二日吴丁遂东行，率军二千，尚有两营，则乘南洋兵舰随后至。

先是丁抵津报告后，张树声即将详情函达总署。初二日接总署初一函，谓已奉旨促李鸿章［注九］北来，前往查办；嘱将所有关系此事各件，随时抄寄李，以资筹度。并言：

> 朝鲜内乱，至此已极，若天朝临之以兵，仍敢抗拒，则声罪致讨，固无所用其迟疑；倘慑于兵威，或释甲归诚，或倒戈相向，尚可网开一面。至乱党李昰应为其国王私亲，处人骨肉之间，不得不折衷至当。然国事与家事，未可一例，正名定分，亲不敌尊；若闵氏而为康穆王妃，则李昰应杀逆之罪，固不容诛；即为现在王妃，似此围逼宫禁，戕及大臣，既为谋危社稷之祸首，□为彼国祖宗之罪人。在该国王势处万难。其应如何处置，俟奏报情形到日，朝廷当自有权衡。惟日兵先我而往，倘其意存干预，必致枝节横生。莼斋二十九日电，彼既不顾中国为之保护，则逐使一节，先可置之不问。惟中国为属邦定乱，自非彼应与闻。

初五日接黎同日电云：

> 日兵计早到仁川，其举动与添调未闻，数日当有信。毒杀王妃及世子妃，皆大院君之谋；此为父篡其子，我陆军直当执大院君，诛乱党，而后与日人办理。

初五日复接总署函云：

> 军情瞬变，望嘱该提督等力图进取，不必专候少荃中堂。……此行以保全国王为要义，倘能生致李昰应，解送京师，听候朝廷裁

断，则探骊得珠矣。日昨何天爵［注十］来署言，美国现亦有兵船前去，倘日人有非礼相加事，即从中排解；此意望密谕马道知之。

注一：威远为炮舰，超勇、扬威为巡洋舰，前者排水吨数"一三〇〇"，后二者均"一三五〇"。

注二：月尾岛在仁川之西。

注三：金刚舰排水吨数"二二八四"。

注四：时金辅铉为京畿监司，闵谦镐为宣惠厅堂上。

注五：北洋大臣即指张树声，盖原任李鸿章当时请假回籍，北洋通商事务。由张兼管。

注六：郑即郑志镕。

注七：金玉均即光绪十年十月朝鲜事变（所谓甲申之变）首倡者，光绪二十年为朝人洪钟宇枪杀于上海。

注八：南阳在仁川之西百二十里。

注九：李鸿章于是年四月十四日离津奔丧回皖。

注十：何天爵时为美国参赞。

三 诱致李昰应及朝日议约详情

初七日上午吴丁率军抵南阳后,因与马共议进军。以花房至王京已数日,不知所议何似;因以马先驰赴汉城,吴丁率军随后发。遂令后营管带吴兆有率队随马行,四时驾小艇赴马山浦[注一],七夜登岸,吴兆有以熏黑难进,即驻浦口。马与友人吕增祥策马夜行五十里,午夜抵南阳府署;赵宁夏独在,谓金宏集昨夜被命入京,盖因国王今日引见花房,而宏集夙办日本交涉事宜[注二],故而召还。

初八日上午马接李昰应函,谓花房昨开款七条,限三日回答,请速赴王京调解。然马以候吴军,是夕仍留宿南阳。初九日晨赵来告,王京送马百七十匹,牛车十乘,至军前备用。八时接吴书谓右营兵病,另派后营管带张仲明率队来。午后迎吴未至,四时策马就道,行经九浦,晤仲明;复疾驰二十五里。水原守郑箕世奉国王命迎谒。又五里抵水原馆通判署。赵宁夏、鱼允中相继至,仲明率队亦至;俄右营亦至。

初十日晨张队先行,马随发。途中接李昰应昨午书,谓花房以其政府限满需回,拟诘旦出京,促于杨花津备舟以待;其意盖存决裂。十一时至果川,国王及世子遣中使待。驰帖慰问。俄,侦骑报:中使已迳渡汉江。薄暮抵南别宫,李昰应与子载冕先在;遂与周旋,谓中国兵来,专谓牵制日人,他无他意,昰应遂不疑。而李祖渊、赵准永亦先后至。晚膳后复与昰应笔谈,甚欢。

十一日午马以花房已去,即驰赴仁川,六时半至,晤花房。

花房：本月初三日余率兵队前至杨花津，朝鲜政府派员至津口，阻我入城。余以城外议事不便，迳行入城。即奏请国王订引见期，韩人又固固不从。直至初七日始见国王，进呈折开七款，且请派员相议，于三日内回复，国王当派首相洪纯穆为议事全权大臣。乃至初八日接洪相来函，谓复派令往勘山陵吉地，须三四日后方可回京。且云山陵为朝鲜重事，我国之款当俟归后再议。夫国王明知限期三日，当面派定洪相为议事全权大臣，而初八日猝将所派之人差往他处，岂非自相矛盾？且以其国山陵为重，是明明以吾国之事为轻矣。彼既绝我商办之路，故余俟限满，即将此意奏明国王出京矣。

马：国王甚欲与贵公使议事，大小臣工，亦同此意；徒以有志未逮，致成此局。君谓朝鲜尚有政府乎？独忆前在舟中语君，以朝鲜事势必能使国王自主为先务，国王一日不能自主，他国即一日不可与之议事；以主政者非执政之人也。证诸公法，则土耳其、埃及每有乱党杀伤各国之人之事，各国必俟其君能自主，乃与计议。昨接君函，谓欲候晤，以朝鲜政府绝我商办之路，不得久留为歉云云。今我此来，非为朝鲜居间调停，不过为君宣明朝鲜事势，俾君免至错认题目耳。朝鲜国王现既不得自主，而贵国公使贸贸然与之议事，无论所议不成，即令已有成议，他日国王得复能自主则所议者仍属空谈。且若于此时与之决裂，则将来恐不独朝鲜政府有所借口；吾国此次以兵前来，惟在惩办乱党，贵国政府想亦闻之；君倘不审可否，亟与乱党定议，吾恐日后自此多事矣。故吾不得不先为言之。

八时马即辞花房,问道赴花岛。十二日上午自花岛驰回王京,晚七时至。时丁汝昌已率习流军百名于午后至别南宫;吴长庆亦统大军薄汉城而垒矣。昰应闻马归,又来访,留晚膳,笔谈十二纸而别。

十三日晨鱼允中至,马匿之,宁夏继来,令先入慰王。午,吴来,邀丁马同往拜昰应于其私第。比至,昰应率其子及孙迓门外,入座谈笑甚欢,已复导观其精舍数处。濒行谓即呼驺报谒。于是吴出城止于黄松亭营内,丁马归南别宫。丁随遣习流军四十名至水原以待。马令鱼允中薄暮赴中营,偕何乘鳌赴王宫保护。别遣张仲明以军士百人往守城门,俾通消息,其余于城内梭巡备警。既定,丁马遂出城同赴黄松亭营,时军士百人,长夫十六人已结束待命。四时,昰应率数遂骑至,入帐,诱与笔谈,累纸二十四幅。马环顾侍者无一朝人。知已尽逮。乃书示昰应曰:君知朝鲜国王为皇帝册封乎?昰应曰:知之。马曰:王为皇帝册封,则一切政令,当自王出。君六月初九之变,擅窃大柄,诛杀异己,引用私人,使皇帝册封之王,退而守府。欺王实欺皇帝也,罪当勿赦;徒以于王有父子之亲,姑从宽假。请即登舆至马山浦,乘兵轮至天津,听朝廷处置!

昰应惧,四顾。吴丁皆起,出帐。马掖昰应出,逼登舆,健卒百人蜂拥之而去,丁殿随。吴即驰入城,嘱张何二营戒严,且探警信。夜半,探者回报,城内无警。

十四日晨吴于城中张告示,示云:

朝鲜为中国藩属之邦。比年以来,权臣窃柄,政出私门,毒积祸深,遂有今年六月之变;弑妃,辱王,虐吏一时并发。顷者变告上闻,道路流传,皆言尔国太公实知其事。先以太公太朝,亲问事状。一俟罪人之得，更申天讨之威，歼渠□徒，明率典刑。廷旨敷坎，敢弗祗遵？今统领北洋水师丁军门，暂与国太公航海诣阙；处人骨肉之间，全恩明义，我大皇帝权衡，必不于尔太公有所深责。但举动仓仓，恐尔上下臣民，未喻斯旨，妄生疑惧，以元代执高丽忠宣、忠惠为例；大负乎圣意高深。此外或从前乱疑党，因以畏迫，更造异谋。目前大兵水陆齐进，已有二十营；此后继发者，海上相属。尔自度□，王师可以固拒，兵力可以相抗，严阵以待，尽可一战。否则深鉴祸福，早自效发，勿执迷怙恶，自速诛夷，而震怒良善。呜呼！天朝视尔朝鲜臣主，谊犹一家。本军门奉命而来，则体皇帝之至仁，为军力之律令。雷霆月日，备闻斯言。告谕淳淳，尚共信谅！特谕。

是晨赵宁夏来，密陈国王感谢之意，惟昰应系属生父，乞善为保护。旋议除乱党事，宁夏谓乱党数千人，悉隶兵籍，多在城东枉寻、利泰二里，聚族以居；谁为乱首，无从廉得，而蟠据二里，迹同啸聚，朝鲜将校无敢深入其巢者。午，国王派李裕元为全权大臣，金宏集为全权副大臣，将赴仁川与花房议约；特先遣户曹尚书金炳始持初七日日使所进七款晤马请辞（按，日使最先所开七款，原文佚，以下马、金笔谈，请参看十七日议定条约全文），笔谈：

马：日使所开七条，其间有即可许者，有决不可许者，有须变通者，试为分别言之。

[第一条]，当许。为以不限时日为妙。乱党不独伤及日人，亦且戕害贵国王妃大臣，若不严行查办，将国法之谓何？

［第二条］，可许。

［第三条］，可许。优恤银五万元，分给十三人家属，尚不为滥。

［第四条］，当力与争辩。若必不得已时，可列入第三条优恤款内，于五万元外增添若干。

［第五条］，旷地间行，无碍于事；惟贵国民心不靖，然限以数年后再为举行。至咸兴、大邱开市，则为陆地通商，决不可为日人开端；杨花津虽属汉江埠贯，惟以逼近王京，若许以通商，不识有无流弊。

［第六条］，公使领事游历内地，原属公法；惟大乱初定，以后公使等欲往内地游历，必先知会地方官方可。

［第七条］，京内长置大队，万不可许。至公使为保身之计，随带若干兵弁在馆内驻扎，尚无不可，惟不宜列入款内。至遣使至日廷慰问，似亦无所不可；惟宜与花房言明，日廷亦当有国书由彼赍呈国王，以慰恤王妃相臣之难。如是则彼此相慰，乃于国体无碍。盖朝鲜既无驻日使臣，特地派人慰问，亦不为过。

此数条若能办到，尚属于情理无悖，惟措辞之间，宜以直截了当为妙；可许者则立地许之，不可许者则坚执不许；隐示以既有可恃，则不足深畏之意。彼外屈于公义，内怯于我国，谅可不致终始决裂也。请回呈国王，先决可否，然后交二使仿行。

金：□间所教，间有未明。恤银五万元而添以兵备之费，宜若干？

马：日本兵舰，原有常费，陆兵亦有定饷；调集来此，不过稍加运费，若与恤银统算在内，不过十万元足矣。若贵国国帑可支，则宜一齐交付，以免日后生息之累，若无力齐付，则可摊作几年。

仆想花房亦不至以全付相强也。

金：杨花津开埠可许乎？

马：若无大弊，何妨许之。仁川已开口岸，杨花津亦不过销仁川出入之货，其实非于仁川外另开一口；况杨花津亦属水路通商，与已开口岸，另属一例；非若大邱、咸兴等地，复滋陆路通商之流弊也。惟议事之时，先可一概不许，必不得已，则可许杨花津通市，而不给兵备之费；挹彼注兹，未始非计。

下午王遣使送昰应行装。旋昰应子载冕来询昰应不归事，曲谕遣之，其犹子载元亦登舟省视。夜，马函禀李鸿章及张树声报告一切经过情形。致张函中，并云：

伏念朝鲜时事，内患与外忧并亟，而外忧之生既由于内患，斯内患之去，尤急于外忧。今日之计，莫若为朝鲜先除内患，使其国王得以自主；然后召日使告以前日之事皆乱党所为，国王一无开罪；兹仰上国之力，事权反正，愿为和好如初；因以所请各条，从容与之商榷。如此，则名义既正，事理亦顺。故于次日驰赴仁川，将此意告知花房，令勿错认题目。惟至仁川后，为花房反复开陈，虽决裂之意稍回，而要挟之心犹甚。拟请函商总署，请将朝鲜致乱与中国代为裁定缘由，布与日本政府并泰西诸国之曾与朝鲜立约者；俾群晓然于前日之事，非出国王之意，彼虽过事诛求，其政府或将屈于公议，不至始终坚执。

夜八时鱼允中、金允植以国王命，抄录告示来，为昰应辩诬。马书示之曰:"太公罪状,昭示日月,不辩固无所加增,即辩亦断难末减;宏惟圣朝以孝治天下,议亲议贵自有权衡,断不使为人子者有不能自处之境。君等以此意归慰国王而已。"九时半金宏集来议日约事。

十五日晨吴使庆军会办营务处袁世凯与马密商剿除乱党事,既定,马谓:昰应虽已就逮,其子载冕尚以训练大臣握兵柄,恐乱党一闻捕治,或更奉以为乱,宜先诱而系之,然后行事。于是下午五时驰书召载冕来南别宫议事。载冕作书以母病辞,令其党李永肃赍复。马谓之曰:"召载冕者,亦欲相与设法为太公宽免地耳,载冕如为其父则至,否则止。"十时,载冕果来,因别置一室,令水兵数十人守之。午夜金允植至,袖出国王函,函云:

启者 小邦不幸,纲纪颓圮,乃于六月上八日,乱军作逆,入宫犯上,戕害公卿,打破人家,围逐邻使,杀其从人,造下弥天大恶;自知罔赦,悍然仇国,此皆宿卫心腹之卒,势迫地近,难以图灭。何幸天朝诸大人,提雄兵,镇靖藩服!此正敧器复整之秋,逆徒就歼之日也。乱军所居,多在枉寻利泰两村,幸□整饬部伍,掩其不备,执讯护丑,明正典刑,以泄神人之愤,以惩枭獍之习,不胜幸甚!此上吴马两大人麾下勋鉴!

马袁遂连夜调派后营副将张光前出小东门会同右营总兵吴兆有,正营副将何乘鳌率领亲兵庆字三营同赴枉寻里,合围搜捕。利泰里则请吴另派别将掩执。枉寻里在小东门外半里许,其地两面依山,中辟街衢,瓦屋鳞次;吴兆有勒兵分扼两头,张入巢搜捕。时天色渐明,乱党见军队掩至,一半持械走登山麓,一半出街前抗抵,因生获一百三十余人,何乘鳌后至,亦获二十余人,余悉鼠窜以散。至利泰里则由吴率兵亲往,以地近营址,已先期闻风远扬,仅获二十余人。计共获百七十余人,悉置吴营。十六日吴马讯明,戮其魁首罪状校著者十人,其余概交朝鲜政府酌予释放。旋以乱党已散,因亦释载冕。而载冕不安于位,亦即于是日请释兵柄。

十七日晨李应俊自天津甫归,谓途中经一月。午后马接金宏集函,云:

仆十五日晚抵仁川,夜见花房于船次,辩论七款仍无成议。傍晨还花岛。十六日晚又与之穷日争诘;彼始终要挟,肆然不少让,仍促明午钤印。事到此地,厚负君教。八款厘正,彼才归舟中。净写并不及录呈,另有钞概一纸,鉴烛是幸!

[第一],十五日改以二十日,另注曰:"日本派员眼同究治,若期内未能捕获,应由日本国办理。"我以此事大欠体面,屡回争诘,彼终肆不服。

[第二],[第三],仍本文,许之。

[第四],公使所损物及兵费,始不言多少,至今晚忽以五十万元限五年清兑填书;故百般要减而不如意。彼之狡黠,不可理喻,愤不可堪。"赔偿"二字,改以填补。

[第五],开行以五十里,二年后百里。杨花津市场竟不得已许之。咸兴、大邱则决意终不许之。

[第六],许之。

[第七],改以"公使置兵员若干备警,数则当观势多少"云。另注曰:"朝鲜兵民守律一年以后,更无可警,则不妨撤云。"

［第八］，派使后日本亦当以国书慰问云。

是夕日朝议约遂成而钤印，此即所谓《济物浦条约》也。其全文如左：

日本历七月二十三日朝鲜历六月九日之变，朝鲜凶徒侵袭日本公使馆，职事人员，致多罹难；朝鲜所聘日本陆军教师［注三］亦被惨害。日本国为重和好，妥当议办；即约朝鲜国实行下开六款及别订续约二款，以表惩前善后之意。于是两国全权大臣，记名盖印，以昭信凭。

第一　自今期二十日朝鲜国捕获凶徒，严究渠魁，从重惩办事。
　　　　日本国派员眼同究治，若期内未能捕获，应由日本国办理。
第二　日本官胥遭害者，由朝鲜国优礼瘗葬，以厚其终事。
第三　朝鲜国拨支五万元给与日本官胥遭害者遗族并负伤者，以加体恤事。
第四　因凶徒暴举，日本国所受损害及护卫公使水陆兵费内五十万元，由朝鲜国填补事。每年支十万，待五个年清完。
第五　日本公使馆置兵员若干备警事。
　　　设置修缮兵营，朝鲜国任之。
　　　若朝鲜国兵民守律一年之后，日本公使视不要警备不妨撤兵。
第六　朝鲜国特派大官修国书以谢日本国事。
大日本国明治十五年八月三十日［注四］
大朝鲜国开国四百九十一年七月十七日
日本国办理公使　花房义质

朝鲜国全权大臣　　李裕元

朝鲜国全权副大臣　　金宏集

续约［注五］

朝鲜国与日本嗣后为益表亲好，便繁易，兹行续约二款如左：

第一　元山、釜山、仁川各港间行里程，今后扩为四方各五十里（朝鲜里法），期二年后（自条约批准之日起算，周岁为一年），更为各百里事。

自今期一年后以杨花镇为开市场市。

第二　任听日本国公使及其随员眷从游历朝鲜内地各处事。

指定游历地方，由礼曹给照，地方官勘照护送。

右两国全权大臣各拟谕旨立约盖印，更请批准，二个月内（日本明治十五年九月朝鲜开国四百九十一年八月）于日本东京交换。

大日本国明治十五年八月三十日

大朝鲜国开国四百九十一年七月十七日

日本国办理公使　　花房义质

朝鲜国全权大臣　　李裕元

朝鲜国全权副大臣　　金宏集

十八日赵宁夏告马，已奉国王派为大官，金集宏副官，李祖渊为从事官，请附舶至津门谒传相言事，并询京师进谢表。夜，金宏集至，言甫自仁川归。与马笔谈：

马：第一条花房言明如何办理？

金：其另注初以"应自日本差役自处"为父，仆谓差役自处办,亦碍我人眼目,不如办理含混。以是改之。

马:彼可以明何法办理,何人及惩办若干人乎?

金:此事未曾如此详问。

马:兵备之费五十万元,彼如何结算?执事可将竹添之言告之乎。

金:仆在大臣之后,不敢言:自断。五十万诚是料外,故先言我帑藏空虚,无可办之力。则彼亦曰:固此其然,日后开矿,尽可办此。若不趁期清兑,彼自行采矿,足此数后,当还之。此甚无理。竹添所言,虽不露破,□□此举不欲开衅,专为维持亚细亚大局起见,贵国用意可成;今以赔偿一事要挟,是以仁始而以利终也。因要减其数。则彼又将矿师及器械皆延请于渠;又日后设电线,渠国当任之。又咸兴、大邱事,预约三件为请,而只减一十万圆之数,故答以如此要挟,不以不减。乃仍复为五十万矣。又将俄国黑海之战及中国云南之案为言。则彼亦以为然,而此事非为利也,贵政府不能晓谕人民,以致此变,此次是罚款云。其言无礼至此,愤不可堪。

马:日人觊觎贵国矿山久矣;今此,执事等至中国,面见中堂,须祈为作主,以绝日人之望,以立富国之机。

金:日人言我国自有财而不能用。其觊觎可知,今此不允其请,诚为向已乞大人作主,延师开采。故开采伊始,自我偿其数,绰有裕矣。且敝国虽贫,每年节省,或可办十万元耳,宁失每年十万,不听日人之任行开采也。

于是订于二十日晨由汉城启行赴津。是夜,马上书李鸿章云:

自抵朝鲜汉城后，所筹日高交涉事宜与诱送李昰应情形，业经禀报在案。丁汝昌于十三日戌刻率水军数十名护送李昰应登程；是夜阴雨泥淖，沿途不准停息，军士等冒雨忍饥约百七十里。于次午抵马山浦，将昰应送至登瀛洲兵舶安置。维时日本兵舶之泊仁川口者，以次移碇来集。因留海上，部勒舟师，期以壮声援而示牵掣。忠于十四日一面请朝鲜国王由其政府将愿重修旧好之意，函知花房；随派全权大官李裕元，副官金宏集驰赴仁川会议。一面查拿城内乱党。盖王京隶兵籍者约近万人，半在枉寻、利泰二里，聚族而居，世世为兵，慢官厉民，久成积习。初，朝鲜国王九龄位，昰应以太公摄政，十余年间，臣民交怨。嗣国王年长，王妃闵氏亦累世勋旧，其父兄欲辅国王收回大柄；于是朝臣之同志者举昰应频年恶迹，交章弹劾。遂致失政家居。无何，王妃父兄皆死于父。国人均谓昰应所为。顾以其处于不死之地，亦姑为隐忍，仍以王兄，从兄置显辅政。昰应乃以陈氏豆区之计，阴结枉寻、利泰二里诸军士以为羽翼。去年其次子载先与勋戚三五少年，欲谋篡弑，未发，事泄，瘐死狱中。用是积怨益深，流毒愈甚；遂有今年六月之事。现虽昰应受拘，而其长子载冕新以训练大将握兵柄，恐乱党一闻查拿，或更奉以为乱。爰于十五晚间先将载冕诱拘南别宫，以水兵数十人守之；然后部署一切。是夜吴军门派庆军会办营务处袁中书世凯来馆，帮同办理。而金允植亦以国王致吴军门及忠书至，请速派兵至该二里剿除乱党，俾敉器复整；情辞之间，颇极迫切。爰令庆军亲兵后营张副将光前，会同吴总兵兆有，何副将乘鳌往捕枉寻里乱党。……利泰里则吴军门自往掩执……是役所获者共一百七十余人。……犹忆汝昌等甫至朝鲜，亦即以生致昰应为先著，故方汝昌回津时，忠即借调停日本之说，与昰应深相结纳，冀使弗疑。……彼果深相倾信，终以就逮。……在事诸员，不无著有微劳……其可否择尤酌保，以示鼓励之处，已禀请振宪批示遵行矣。二十日吴移军东门留镇。马偕赵宁夏、金宏集等起程。

至二十四日抵津。

注一：马山浦在南阳之西。

注二：金宏集于光绪六年（公元一八八〇年）春为日本修信使，其年夏还。

注三：教师为堀本礼造。

注四：日本于明治五年（同治十一年，公元一八七二年）十一月始改用阳历。

注五：所谓续约乃续光绪二年之约也。

（未完）[1]

原载《日本研究》第一卷第九号，1931 年 6 月

《日本研究》第一卷第十号，1931 年 9 月

---

[1] 按：因"九一八"事变爆发，《日本研究》中断连载。

第七世纪中叶的中日战争

一、日本与朝鲜半岛

公元六六三年,即唐高宗龙朔三年,八月廿八日,中国军队和日本军队在南朝鲜半岛的西部海面发生激战,结果日军惨败,战舰四百艘被焚。这一次海战是蕴着重大意义的决定战,不仅决定了整个战局的胜负,并且决定了此后日本在朝鲜半岛的势力,更决定了日本此后数百年的对华政策。

日本对朝鲜半岛之具有野心,至少是一千五百年前的事。在日本史籍中著名的有所谓神功皇后亲征三韩,依他们的记载计算,那是刚在公元二百年的事。比这更早的,他们还说,在公元前几十年,日本在半岛南端的任那地方已取得根据地,称为"日本府"。关于这两件事,年代虽不可靠,但朝鲜金石史中有名的《广开土王碑》曾明记着第四世纪末期日本人侵入半岛,压迫新罗、百济,而和高丽争雄;又公元五六二年新罗之曾把任那日本府灭掉,也是可信的事实。

第六世纪中叶日本势力被驱出半岛以后,直到一九一○年八月廿二日而有日韩合并条约的缔结。但朝鲜的吞并,在一部分日本人看来,还只是手段而不是目的。他们的目的是什么呢?在十六世纪末叶,丰臣秀吉想征服中国，要朝鲜王李昭做先驱；李昭不肯，因有征韩之举。当朝鲜京城陷落的消息报到后，秀吉马上拟定所谓"三国早大计"，即是一种未来之中国、日本、朝鲜处置计划；预备战胜后迎奉天皇迁都北京，太子守日本本土，而自己坐镇宁波。虽然结果经七年苦战，终不得不退出半岛，而一兵一卒未能入中国境界，但现代日本军阀所唱的大陆政策，却说是秀吉精神的继承，而秀吉的精神就是日本精神。

古代日本自和半岛发生关系后，即从半岛间接摄取中国的文化，到第七世纪之初有推古时代的政治改革。这种改革，就为受了中国文化的刺激。但间接的摄取，他们认为未能满足，于是有遣隋使的派遣，继之有遣唐使的派遣，直接受教于中国；因此公元六四六年更有所谓《大化改新诏》的发布。大化是年号，改新的意义是政治上打破氏族的专横，行中央集权政制，同时将社会封建化，而一意模仿中国制度。这种改革是可与第十九世纪后期的明治维新对照的。当时日本国内的世袭权臣苏我氏被诛，加以新战胜了原住民族的虾夷和从亚洲东北部到库页岛来的肃慎（即靺鞨），政治上、军事上都获得大成功，多年郁结着的对半岛野心到此便复炽了。

二、高丽向中国挑战

中国经两晋南北朝二百余年的异族压迫，到第六世纪末期以来而有隋唐的盛世，汉族抬头，所以唐太宗有"雪耻酬百王，除凶报千古"之语。因为久被压迫，一旦抬头，对于异族自然特别警戒；隋才统一，便三筑长城，而第一次的兴工，就在文帝即位那一年，这是很显明的原止于国土防卫。但后来几种新兴的塞外民族对中国竟不怀好意，因此不得已而施行有效的攻击，以求消减对方的侵略能力，免两晋南北朝一类历史的重演；后来的领土扩张，完全是被动的结果，而原不含有侵略意味。

公元五九八年隋统一还未满十年，高丽忽联结靺鞨族率兵万余越过辽河，侵入中国境土，实行向中国挑战。这当然是中国所不能忍受的，于是文帝立即派三十万大军分水陆夹击。但陆军出临榆关后，粮食不继，士卒间疾疫流行，不得已退军，水军自山东东莱海路趋平壤，遇暴风，战舰大部损失，亦无功退还。到六〇七年，炀帝亲访突厥王帐，无意中又发见高丽派去的密使，是约突厥图中国的。炀帝因为对高丽王警告无效，六一二年遂决意亲征，征天下兵水陆二百万。六一三年在辽东和鸭绿江南和高丽战又不成功。经此两役，中国对此东北强敌，要把他击败的意志便愈更坚决，所以继着连唐太宗时代还有五次的征讨，但结果仍不成功。

唐太宗是个极审慎的人，六四四年他第一次要伐高丽时，先和大臣计论可否。褚遂良反对出兵。李勣却说："间者薛延陀入寇，陛下欲发兵穷讨，魏征谏而止，至今为患。"（据《资治通鉴》）这是主战的有力理由；纵敌患生，是久被压迫而抬头的汉族最易起的感觉。所以经此一说，太宗亲征之意遂坚不可动，群臣再谏无效了。师次定州，他对侍臣说："辽东本中国之地，隋氏四出师而不能得，朕今东征，欲为中国报子弟之仇，高丽雪君父之耻。"可见确不是缘于一时私忿，或夸大喜功。至所谓为高丽雪君父耻，是因前年泉盖苏文握政，把高丽荣留王弑了，另立宝藏王。但三征无成，太宗竟赍志以殁。

三、东亚的两个集团

朝鲜半岛在第四世纪以来是高丽、百济、新罗三国鼎峙，至第六、第七世纪之间，高丽仍旧是比较最强大，百济较弱小；可注意的是屈处东南的新罗强盛起来，向西北发展而占有汉江流域。汉江流域是半岛的经济中心，是整个半岛最利于灌溉的区域，现在的朝鲜京城就位置其中，是当时三国所必争之地。既经新罗占有，于经济意义之外，还隔断了高丽和百济的陆路联络，因此极惹高丽和百济的恨妒而促成他们的联合对新罗夹击。百济因为比较弱小的缘故，东逼强邻，于是北连高丽而南亲日本以图存。日本对半岛既夙存野望，对百济的和亲政策，自然乐于接受，但仍带着以大临小的态度，要以百济王子为质做条件。而且新罗攻灭任那日本府，在日本是宿仇未报，所以除弱小的百济而外，他还和高丽联结，以增强对新罗的力量。于是高丽、百济和日本以共同利害关系而联成一条阵线。新罗处此情势之下，在半岛是孤立了，以一敌三，危险甚大，于是他不得不采亲中国政策。中国以对高丽关系，有新罗以为牵掣，是极有利的，所以亦乐于援手。至此东亚战形成两个集团对抗。

四、百济的灭亡

百济既与高丽、日本联结对付新罗，时时想和高丽截断新罗和中国的交通路，又乘中国征高丽而新罗出兵相助时，袭取新罗土地。唐太宗曾派人警告他，要停止向新罗攻击。他恃有高丽、日本的援助，对这警告并不予重视。高宗继承太宗遗志，一意要击败高丽，但鉴于累代七征的不成功，不能不将作战计划重加考虑。据《册府元龟》所载，太宗曾拟有救新罗四策，其第三策说："百济国负海之险，不修兵械，男女纷杂，好相宴聚，我以数十百船，载以甲卒，衔枚泛海，直袭其地。"高宗受了这计划的暗示，遂决定对这较弱的百济施行攻击，然后徐图高丽。公元六六〇年三月遂派遣新击败突厥的苏定方率刘伯英、冯士贵和庞孝泰三将军，领水陆兵十万，从山东成山渡海伐百济，并密约新罗策应。

当时百济的内政，据《全唐文》所载贺遂亮撰《大唐平百济国碑》说是："外弃直臣，内信袄妇；刑罚所及，唯在忠良；宠任所加，必先谄幸；标梅结怨，杼轴含悲。"中国和新罗会师百济都城泗沘（今忠清南道的扶余）的时间是七月十日。百济王义慈嗜酒耽乐，还在梦中，及新罗和中国兵压境，才议防御；中国兵迫熊津江口（今锦江），新罗兵越国境到黄山原（今连山县附近）才出兵应战。但这水陆要冲的两阵地，未几即陷敌手。七月十二日都城被包围，十三日义慈领着太子夜走熊津城（今忠州），由次子泰留守。泰知不能敌，于是开城降，十八日义慈亦自熊津城来降，百济遂亡。九月，苏定方等执义慈及太子、王子、大臣将士五十八人归国；留郎将刘仁愿统军一万驻泗沘镇守，并配置新罗兵七千驻熊津城。中国于是将百济故地分置熊津、马韩、东明、金涟、德安五都督府，仍用百济人做都督和都督以下的刺史施政。扶余郊外有唐平百济塔，现在还存。这次中国联新罗用闪电战略，所以高丽、日本都无法施以救援。

五、日本的出兵

百济既亡，还有一部分残余势力，由旧将、也是义慈从弟的鬼室福信和僧道琛统率，以周留城（今全罗北道的全州）作根据地。当时还有百济王子扶余丰留质在日本，因此福信派专使到日本请求迎立扶余丰为王，同时并恳日本出兵援助。政治及军事获得新成功的日本，正跃跃欲试，要向外发展；对这两个要求，欣然允诺。因为在半岛得根据是日本府被灭后百年来的愿望；假如出兵成功，半岛之得根据，固无问题，而且进可以联高丽东灭新罗，西击中国，不特新罗危险，同时可以为中国之大患。

日本答允出兵是在十月里，即百济都城陷落后两个多月的事。因为抱了极大的希望，所以御驾亲征，太子和大臣中臣镰足扈从。十二月自京师出发，先到难波（今大阪），在那里检阅军备，并特命骏河国着手建造北征的船舰。翌年正月自难波西航，三月到九州北部筑紫的娜津（今博多），那是对外要冲之地；五月迁朝仓；七月而驾崩。太子"素服称制"（这是据《日本书纪》的说法），继续部署军事，选定阿昙比逻夫、河边百枝做前将军，阿部比逻夫、物部熊守大石做后将军；另外派狭并槟榔、秦田来津率兵五千先送扶余丰归国；濒行时以多臣将敷的妹配扶余丰，为政治的婚姻。

阿昙氏是以博多湾附近为根据的九州北部豪族。阿部氏是以越国为根据的里日本海沿岸的大族，而阿部比逻夫本人就是越国国守，北征虾夷肃慎成功的著名勇将。狭井氏则京师附近民族。后来继续选派的上毛野稚子是以关东平野为根据的毛野一族，巨势神前臣译语是中部日本的巨势一族，还有庐原氏是骏河中心势力的庐原国造之后。大化改新前的日本行氏族制，兵力全在豪族之手，这次大军的编成，以豪族为主体，而其范围能亘于表里日本，中部东部日本以至九州，是中央集权制成功的表现，是一种大规模的军事行动，也是具有很大决心的行动。

鬼室福信等既迎立扶余丰为王，政治上有了根据。公元六六二年阿昙比逻夫率领大队援军用船舰一百七十艘运送到达，扶余丰便将根据地移至避城。避城亦称碧城，即境在全州西部海岸的金堤，那里和继续要到的日本援军联络是比较容易的。 部署既定，阿昙氏便和福信等合兵，围中国军屯驻地的百济旧都泗沘。

六、中国的增援

苏定方破百济回师时，只留郎将刘仁愿驻泗沘镇守，政府后来续派中郎将王文度做熊津都督，增厚兵力；但文度到达未几便死。泗沘驻军被围时，干部仍只仁愿一人。中国接到被围的报告，急派刘仁轨赴援。据吴兢《贞观政要》、张鷟《朝野佥载》、新旧《唐书》、《资治通鉴》等书所载，刘仁轨字正则，是一位刚勇沉毅的战略家，他做给事中时，因为鞫大理丞毕正义事，为时相李义府所怨恶，因此调他出外做青州刺史；苏定方伐百济时，李义府要他负责浮海运粮，未合时候，偏督迫他出发，卒致遇风覆船，夫役多溺死，因此诏除名，以白衣从军自效。翌年（六六一年）五月苏定方等奉命伐高丽，他随军效力，曾到平壤。至是诏为检校带方州刺史，统王文度原来的兵，并发新罗兵援救仁愿；那时他已经是六十四五岁的老将军了。扶余丰知中国援军到，派道琛在熊津江口堵截，仁轨合新罗兵夹击，毙敌万余，解泗沘围，和仁愿合军，但新罗兵因为粮食不继，即东向退回本国境土。

高宗因苏定方等围平壤，久不能下，六六二年二月，以天寒诏班师，仁轨东渡未几，即敕书给他们说：

> 平壤军回，一城不可独固，宜拔就新罗，共其屯守；若金法敏藉卿等留镇，宜且停彼，若其不须，即宜泛海还也！（《旧唐书·仁轨传》）

金法敏即当时的新罗国王。在高宗的意思，大约以为孤军悬海外，而百济战后凋残，粮食艰难，不如且归国，徐图大举。但仁轨认定欲破高丽，先诛百济，留兵镇守待机的计划是没有错误的；因此他以为不特不当退军，并且要对日本援军及百济残余势力采积极行动。他对当时想归国的将士说：

> 主上欲灭高丽，先诛百济，留兵镇守，制其腹心。虽妖孽充斥，而预备甚严；宜砺戈秣马，击其不意；彼既无备，何攻不克！战而有胜，士卒自安；然后分兵据险，开张形势，飞表上闻，更请兵船。朝廷知其有成，必当出师命将；声援才接，凶逆自殄；非直不弃成功，实亦永清海表。今平壤之军既回，熊津又拔，则百济余烬，不日更兴，高丽逋薮，何时可灭；且今以一城之地，居贼中心，如其失脚，即为凶虏；拔入新罗，又是坐客，脱不如意，悔不可追。况福信凶暴，残虐过甚，余丰猜惑，外合内离，鸱张共处，势必相害；唯宜坚守观变，乘便取之，不可动也。（《旧唐书·日本传》）

他认为消极的退军很危险，他要贯彻击败高丽计划，要更请援军行肃清工作。他深悉敌情，所以有此坚定的主张，这一点关系于整个战局是很大的。

仁轨既说服欲归诸将，六六二年七月便和他们在熊津城之东击破敌众，进袭通新罗要道而为敌所占据了的真岘城（今连山县），果然成功，于是和新罗再取得联络，粮食可从新罗接济；声势顿盛，于是上表请增兵。

当中国驻军困守泗沘的时候，敌起内讧，主将福信竟把道琛杀了。及至中国驻军和新罗军取得联络，而百济南部另有一部分新罗军开始活动，渐向敌根据地逼近时，敌再起内讧，主将福信想杀扶余丰而反为扶余丰所杀。在此紧迫情势之下，扶余丰急向高丽日本请援，这是公元六六三年二月的事，而先此已将根据地由避城再迁回周留城，大约因为避城是平野，无险可守的缘故。日本接到消息，即发大军应援，先以一部分袭击新罗，以为牵掣，主力军则尽趋百济故地，准备和中国军决战。全军的数目虽不明，但上毛野稚子率领袭新罗的兵是二万七千，那么主力军至少有同等数目。

唐高宗接到百济驻军的请兵表文，即发淄、青、莱、海兵七千，遣左威卫将军孙仁师统率，浮海应援。孙仁师，新旧唐书都未为他立传，但《文苑英华》有王勃撰的《常州刺史平原郡开国公行状》，是他的行状无疑，他是武德三年，即距此四十三年前已经授中郎将，那么此时也是一位老将军了。

七、白江口决战

孙仁师率领援军未经接战而到达泗沘和两刘相会，可知当时熊津江也在中国军控制之下了。三仁既合军，即开将领会议，商讨作战计划，新罗将领也被邀参加。当时有提议先击泗沘南部的加林城的，但仁轨则主张先破敌人心脏的周留城，周留城破，其余自易解决，而且他们侦知离日本北航中的敌主力军将近到达，当时便议定分两路进攻：陆联军由仁师仁愿和新罗王金法敏统率，循陆路南下趋周留；仁轨则率杜爽和扶余隆领水军分乘百七十艘船舰从熊津江出海南航，在日本主力军预备登陆地点即白江口等候。白江口有认为就是熊津江口，这是错误的，因为《旧唐书·仁轨传》明说："自熊津江往白江"；而《三国史记》对熊津江和白江也有区别，说白江亦称伎伐浦，在现在的金堤县（当时的避城）西北东津江和万顷江口有界火岛，"界火"和"伎伐"音近，那么不是东津，便当是万顷，而决不是熊津，即使河道有改变，也当在熊津口以南附近，因为那是从海上来登陆直趋周留的最适当地点。

八月廿八日中日两国军队在白江口遭遇，日军先锋失利，诸将争进，队伍遂乱，被中国军包击，溺死无算。中国继用火攻，焚敌舰四百艘，烟焰涨天，附近的海水通红。日主力军既经此壮烈的海战而致溃灭，余势便一蹶不振；周留城旋即被中罗联军攻陷，扶余丰乘船走高丽，日军残众遂渐退归本国，百济诸城未几尽降。任务既毕，仁师仁愿班师。诏留仁轨勒兵镇守，积粮抚士，准备更击高丽。至此仁轨才得正授带方州刺史。

这次战胜，固由于仁轨谋略之巧，但优势的战舰与兵员也是重要的因素。自隋以来，屡浮海征高丽，造成中国海军不可多得的丰富经验；

而船舰之建造，亦属累年的大经营。《通鉴》载：

> 贞观十八年上将征高丽，七月敕将作大匠阎立德等诣洪饶江三州造船四百艘。
>
> 二十一年八月，敕宗州刺史王波利等发江南十二州工人造大船数百艘，欲以征高丽。
>
> 二十二年七月，遣右领左右府长史强伟于剑南道伐木造舟舰，大者或长百尺，其广半之。别遣使行水道自巫峡抵江扬趣莱州。八月敕越州都督府及婺洪等州造海船及双舫千一百艘。九月，强伟等发民造船，役及山獠。雅邛眉三州獠反。壬寅，遣茂州都督张士贵、右卫将军梁建方发陇右峡中兵二万余人击之。蜀人苦造船之役，或乞输直雇潭州人造船。上许之。州县督迫严急，民至卖田宅、鬻子女不能供，谷价踊贵，剑外骚然。上闻之，遣司农少卿长孙知人驰驿往视之。知人奏称，蜀人脆弱，不耐劳剧，大船一艘，庸绢二千二百三十六匹。山谷已伐之木，挽曳未毕，复征船庸，二事并集，民不能堪，宜加存养。上乃敕潭州船庸皆从官给。

可见当时为造船舰人力物力消耗之大，甚至激起暴动。至于船舰之构造与功能，如征高丽时所屡提及的楼船，《通典》说：

> 楼船，船上建楼三重，列女墙战格，树幡帜，开弩窗矛穴，置抛车叠石铁汁，状如城垒，忽遇暴风，人力莫能制，此亦非便于事；然为水军，不可不设，以成形势。

这可说是主力舰,但不利于暴风,所以不能不辅以战斗舰和辅助舰,《通典》所举的有斗舰、走舸、海鹘、蒙冲和游艇等,它说:

斗舰。船上设女墙,可高三尺,墙下开掣棹孔,船内五尺,又建棚与女墙齐,棚上又建女墙,重列战敌,上无覆背,前后左右树牙旗、幡帜、金鼓,此战船也。

走舸。船上立女墙,置棹夫多,战卒少,皆选勇力精锐者。往返如飞鸥,乘人之不及;金鼓、旗帜列之于上,此战船也。

海鹘。头低尾高,前大后小,如鹘之状,舷下左右置浮板,形如鹘翅翼,以助其船;虽风涛涨天,免有倾侧;覆背上左右张生牛皮为城,牙旗金鼓如常法,此江海之中战船也。

蒙冲。以生牛皮蒙船,覆背两厢开掣棹孔,左右前后有弩窗矛穴,敌不得近,矢石不能败。此不用大船,务于疾速,乘人之不及,非战之船也。

游艇。无女墙,舷上置桨床左右,随大小长短,四尺一床,计会进止,回军转战,其疾如风;虞候居之,非战船也。

以勇而善谋的老将,统惯战的队伍,而配以这种军备,故能将雄心万丈的敌人击溃,决不是出于偶然侥幸的。

八、战后中国对半岛的处置

刘仁轨镇守百济,经营善后的期间中,对高丽、日本仍严密监视,并曾遣使日本，实地观察。两年后的公元六六五年，中国政府命百济王族而曾参与白江口战役的扶余隆和新罗王金法敏释怨言和，置于熊津城；并将百济故地交付扶余隆，中国军队全部撤回。仁轨归国一年，被命为右相，仍主继志击败高丽。到公元六六八年遂率由主战而曾随太宗亲征的老将李勣把高丽灭掉，而仁轨是以辽东道副大总管的职责参与此役的。高丽既平，在平壤置安东都护府，以薛仁贵做都护，总兵二万和仁轨镇抚。其下的都督、刺史、县令都用高丽人。后来因为新罗国势渐盛，肆意侵夺高丽和百济故地，对中国颇存轻视，公元六七五年仍派仁轨大破之于七重城，至六七六年便索性将安东都护府移至辽东附近的辽东城，对半岛只行监视。这是中国的原意，因为中国对半岛本来没有领土野心的。

九、战后的日本

日本的出兵，原抱极大的希望，而所遭遇的敌人意外精强，致一败涂地。本来战前他们有遣隋使，有遣唐使，有留学生，既一意模仿中国，对中国情形自有相当了解，何以定要和这强敌决战呢？大约到中国来的尽是文人，只注意政治而未及军事；抑或像现在一部分有识的日本政治家，受了军阀横暴的禁压，明知其弊而不能言呢？败军自半岛狼狈归来以后，有他们作战经过的报告，使政府的对外政策因此完全改变，不特对半岛的野望烟消云散了，而且深怕中国精强的舰队一旦会远征到日本本土上来，所以汲汲于国防准备。公元六六四年，即白江口战役的翌年，先在九州北部对外军事政治中枢的太宰府，为防御计，建筑水城，并在对马、壹岐、筑紫一带留戍，置烽火；六六五年更在水城的右翼筑大野城，背面筑椽城，增厚防御力量；同年又因为下关海峡是入濑户内海至当时京师飞鸟的必经门户，所以在海峡北部的长门增建一城。六六七年在对马下岛西海岸要地筑金田城，作为最前线的防卫，在四国东北角的赞岐筑屋岛城作为濑户内海根据地的防御，在大和筑高安城，作为中央的直接防卫。同年并迁都于琵琶湖畔山河形势之地的近江滋贺。全国上下，极其紧张，这其实未免是过虑了。

在军事上如此，在外交上，《唐书·日本传》载："咸亨元年（六七〇年）日本遣使贺平高丽"，这是对中国的重要表示。以后对中国便采取比战前更亲善的政策，专意于文化的输入；自六六五年以来，频频遣使，频频派留学生，直至八九四年唐末时代才明令停止。日本中古时代的文化完全是由唐移植来的文化，军事上的失败，却促进了文化的发达，在日本是所得远过于所失了。

古代日本及其新文化

一、绪　言

　　日本历史上有两个时期，非常明显的是为了锐意吸收与积极模仿外国文化，而有超越的进步，一个是第七世纪的大化改新，一个是近代的明治维新。第一个时期基于中国文化不断输入，国内土地开拓，农业生产力发达等原因，促使原来的土地共有制和以血缘关系构成的氏族制趋向崩坏的途径；在这种情况下，公元六四五年，即日本的大化元年以皇子中大兄和内臣中臣镰足为中心，而留学中国通晓中国政治的国博士僧旻和高向玄理为顾问，进行大改革，采用隋唐的国家行政组织和制度。改革的主要内容是废弃氏族制，树立土地国有制，解放私民，集中国家权力。结果产生了以农奴性的公民为基础的封建社会和中央集权的国家机构，而有所谓奈良和平安时代的贵族文化。一部分日本史家称这时期为唐制模仿时期。

　　第二个时期基于近世欧美思潮的输入，而日本国内早期资本主义下的私有财产，商品生产的发展与交易自由原则等，又和以大土地所有为基础的封建制度冲突，再加以江户幕府的经济和政治日益腐败，欧美先进资本主义国家的强迫开国，于是一八六七年萨摩、长门、土佐等武士阶级联合王朝时代遗物的公家即官僚阶级，以新兴的町人即商人阶级的经济势力为背景，进行妥协性的改革，推倒幕府，树立新政权。明治时代以来又不断输入欧美先进的资本主义生产样式，建设近世产业组织基本样式的机械工业。当时改革的要点是：再度中央集权化，废弃封建的身份制，确立土地所有权。虽则这次的改革是由于武人、官僚和商人妥协的结果而达到成功，自然在政治上阻止自由主义的采用，但时代思潮毕竟具有压力，所以政治上和经济上多少是自由主义化；而积极模仿欧美的结果，使日本在短期内成为一个后进而非健全的资本主义国家。

明治维新是百年内的历史，人多注意；大化改新是一千三百年前的历史，时代虽较远，但与中国关系深，而且和明治维新有类似之点，也一向为人所重视；至于在古代日本，外国新文化如何输入，如何使日本社会转变，步入新时代的历史，则不显著。固然时代距离远，史料缺乏是史事难明的一因，但最重要的原因还是由于数十年来许多日本史家对日本古代史通常总以第八世纪以后所写的《古事记》《日本书纪》《风土记》等资料做根据，而漠视较早的中国史籍中有关日本的记载，或者以这些记载迁就日本史籍，能坦白真挚地从事研究的很少。日本中小学校的本国史教科书必然地以神代为起始，其次是神武天皇，而日本的历史年表又必然地记神武纪元在公元前六百六十年；其中记事有许多令人不能置信。日本古代史之所以缺乏真实的报告，主要的原因是受了明治以来的国策所束缚，不容许动摇所谓神国的观念。有一事可以和此对照而更明显的，就是数十年来日本史学界对于中国史的研究远比日本史的研究更为旺盛，这不是偶然的趋势而是自然的结果。幸而在资本主义之下自然科学有发展机会，因此近年日本学术界在考古学上对史前期的日本研究也有相当成绩；拿这些成绩和中国古籍及其他有关日本记载合并研究，相信可以得到比较正确的结论；现在循这条途径对古代日本和古代日本的新文化试作一极简单的叙述。

二、绳纹式文化时代与弥生式文化时代

在人类文化史上普遍有所谓旧石器时代与新石器时代，但在日本列岛上只有新石器时代的遗迹与遗物发见，因此认为日本之文化时代是从新石器时代开始，已为学术界的定说。日本新石器时代在文化史上一般称为绳纹式文化时代。绳纹式文化以那时代的土器外表都有绳纹图样为特征。使用这种土器的民族大抵由亚洲大陆北部扩展而来，最初到日本列岛的是持有极原始的文化，能制作简单石器和土器。他们的足迹南至九州，北至北海道，而以关东以北的奥羽和北海道方面为多。他们到日本列岛以后，渐和大陆隔绝，孤立单独形成日本的先史住民，在文化上也是独立发展的；因为其间所经日月甚长，所以文化进展虽然缓慢，但也有几度变迁。大致上说他们固然全不知道金属的使用，就是石器也依然是打制石器，而且他们渔业和狩猎的生活痕迹非常明确，可是牧畜和农耕的生活痕迹却没有。因为以渔业和狩猎为生活，所以随时选择获物最多的地方转移居住，及至分布辽阔，他们的集团便多孤立。绳纹式文化的终末年代大体在公元纪元前后，但东北部存续期间稍长。使用绳纹式土器民族即后来日本历史上所称的虾夷，和今日仍生存于北海道的 Ainu 族同一系统，所以考古学者或称这种土器为 Ainu 式土器。

考古学上继新石器时代为金石并用时代，在日本文化史上则称为弥生式文化时代。所谓弥生式文化时代是因为在这时代出现了与绳纹

土器全然异样的弥生式土器，在弥生式土器上可以看到曾使用过镟床的形迹，烧炼的技术亦较进步，在器形上可认为分业的产品而趋向简单化，比之绳纹式土器显著地为较高度文化的产品。它之所以得名是由于一八八四年即日本明治十七年在东京市本乡区弥生町贝塚发见了与绳纹式异样的土器，经十数年后学者间便流行称之为弥生式土器，于是弥生式土器的文化被称为弥生式文化。弥生式时代各遗物间的系统是一脉相承的，它所散布的地方以近畿、中国、四国和九州北部为多，自本州中部以东便少，奥羽地方则直至更远的后代还未普及。绳纹式和弥生式两系统遗迹在同一地点时，必然是后者在前者的上层，这显然是后者的年代比较新；当两种文化接触时，后者驱逐前者，或将它并合。普遍将绳纹式分作前期、中期和后期，有些地方在中期末或后期未终了时即已提前移入弥生式文化时代。从绳纹式的遗迹看来，它是独立发展的，但弥生式遗迹则的确与朝鲜半岛有联系。大抵当初自朝鲜半岛渡向日本列岛九州北部，对当地尚存的少数先住民族渐次取得优势地位，继而逐渐向东发展，而因为他们是农耕民族，他们的发展是采渐进的，所以对先住民族的压迫比较和缓，因此绳纹式民族仍有相当自由发展的机会，有比较多的遗迹留存，特别是奥羽地方。

三、汉人在朝鲜半岛的活动与文化传播

从渔猎的先史时代进至农耕的原史时代，是日本文化史上一个划期的大进步，但这种进步是从朝鲜半岛带来，而非从绳纹式的先住民族本身发达长成的。朝鲜半岛北部多山地，北端有高二七四四米的长白山

高峰，其南横亘盖马高原，而狼林山脉自中央分向南北走，中部以南偏东岸有太白山脉连亘南北，致东部地势陡斜，缺乏平地；但半岛西部则有大同江、汉江、锦江和洛东江等大河，下游作成丰沃的平野，适于农耕。中国民族很早便向东北发展，为的是辽河、嫩江和松花江流域土地肥沃，有类于黄河流域，土质亦黄，适于农耕，因此战国时代燕、赵、齐人盛向那一带平野移住活动；后来因地理与时势关系，更逐渐向朝鲜半岛西北部大同江一带平野移殖。至秦灭燕，依燕旧址为长城，当日长城东端是在平壤西南。汉初燕人卫满在大同江畔建国，即所谓卫氏朝鲜。经八十余年，至公元前一〇八年汉武帝灭卫氏朝鲜，并有其地和通古斯族的沃沮、濊貊所支配下诸小国，置真番、玄菟、乐浪、临屯四郡，领有半岛的北半部。但四郡中只有乐浪久属汉人，其余则置后不久便放弃，这可认为是当时经济上所需要的地区止此。

　　自汉武以来半岛西北及西部即今朝鲜平安南北道和黄海京畿道在汉人统治下，不断移民，不断输入发达之文化，而以平壤为中心地，住民则以卫氏朝鲜以来的汉民族为主；据《汉书·地理志》所载是六万二千八百一十二户，四十万六千七百四十人，成为中国在东方一大移民地，保有高度文化。后汉献帝建安中辽东太守公孙康割乐浪南部地，新设带方郡；三国时属魏领土；到西晋建兴元年即公元三一三年乐浪为高句丽所占，自汉设郡至此凡经四百二十一年，大抵属汉人势力范围。从近年在乐浪所发见的遗址遗物观察，可以证明当时的艺术异常发达，而且和中国其他地区同时代出土遗物的作风完全相同，纯粹属于中国样式，毫未参入朝鲜土著人民的手法。

　　因为中国人势力和文化之在朝鲜半岛发展，影响于附近后进民族如濊貊、韩、倭等甚大，精神与物质两方面都能予以新的示标，使他们的文化提高向上；这是朝鲜半岛历史中一重要阶段。而且每当中国纷乱不安时期，北方民众流亡到半岛以至半岛南部的很不少，例如《三国志·魏志卷三十·辰韩传》载："辰韩在马韩之东，其耆老传世，自言古之亡人，避秦役来适韩国，马韩割其东界地与之。其言语不与马韩同，名国为邦，弓为弧，贼为寇，行酒为行觞，相呼皆为徒，有似秦人，非但燕齐之名物也。名乐浪人为阿残东方人，名我为阿，谓乐浪人本其残余人。今有名之为秦韩者。"他们在异民族间自然也或多或少，自动或被动地负起文化指导的责任；而辰韩后来为新罗，联唐灭百济和高句丽，南击倭，成为最早统一半岛南部的国家。

四、把弥生式文化带到日本列岛的倭人

弥生式文化既然和朝鲜半岛有联系，然则把这种文化带到日本列岛去的民族，在半岛无论久暂必有根据地。考古学的调查结果，知道韩族在有史以前，大同江方向也曾是他们的居住地，后来因为通古斯族和汉族等势力扩张，他们便被压迫到仅限于半岛南部。我怀疑日本民族祖先的倭人原先也是在大陆而后来被压迫到半岛南部的一种民族。王充《论衡》卷八《儒增篇》："周时天下太平，越裳献白雉，倭人贡鬯草"；卷十九《恢国篇》："成王之时，越裳献雉，倭人贡畅"；虽然它的时代未必可靠，但当是一种关于早期的倭人记事。《山海经》卷十二《海内北经》所载："盖国在钜燕南，倭北；倭属燕"；则似属于战国时代，是后于贡畅时期，他们已经移到半岛南部了。《前汉书·地理志》下燕地条："乐浪海中有倭人，分为百余国，以岁时来献见云"；这是汉武置

四郡以后的事,所谓海中不一定指日本列岛,而是要由乐浪出海而后能到达的地方而已。及至《后汉书·光武帝本纪》所载:"中元二年正月辛未东夷倭奴国王遣使奉献";又,《东夷倭国传》:"建武中元二年倭奴国奉贡朝贺,使人自称大夫,倭国之极南界也;光武赐以印绶";关于这两段记载,自一七八四年汉倭奴国王印在九州北部筑前国那珂郡志贺岛被发现以后,得以证明是真确的事实。但"倭国之极南界"一句,向来不大为人注意;文意明说倭国内的奴国是倭国的极南界,我以为是倭人从半岛南部伸展到九州北部初期的重要证据,和考古学上对弥生式文化初在日本列岛扩展是在公元纪元前后的推论相应。《魏志》卷三十《濊传》:"昔箕子既适朝鲜,作八条之教以教之,无门户之闭,而民不为盗;其后四十余世,朝鲜侯准僭号称王,陈胜等起,天下叛秦,燕齐赵民避地朝鲜数万口;燕人卫满魋结夷服,复来王之;汉武帝伐灭朝鲜,分其地为四郡,自是之后,胡汉稍别。"这是说汉武以前,汉人和非汉人混居,原没有严格的限制,种族界限之分是在四郡设置以后;这种政治社会意识刺激了半岛南部的民族,韩人和倭人之间的排他性便渐强烈;排他的结果,倭人不得不向南发展,渡过对马、壹岐到九州北部取得新根据地,但他们对半岛南端不肯放弃,因此成为一个地跨半岛南端和九州北端的聚落国家。他们所以不放弃半岛南端的理由是:直接间接受了乐浪和避秦役来适韩国的中国人的文化影响,他们已略晓衣耕,对洛东江下游平野在经济上的重要性已有认识;《魏志》卷三十所载的弁辰便是洛东江下游一国家,志中说那一带地方是"土地肥美,宜种五谷及稻";加以一旦失却此立脚地,则对于中国文化的输入将受到极大的障碍。至于他们到达九州北端以后迟迟不向前发展,理由固然因为受了当地先住民族的抵抗力所阻,但也因九州北端有相当广大的平野足供这新来民族的生存活动。

　　这地跨南北岛的倭国从公元纪元前后一直到第三世纪中还是如此，不过在半岛南端的领土缩小了，反之在九州北部的领土日渐扩大；这种民族的一部分更逐渐向东发展，缓缓地和先住民的虾夷斗争结果，驱逐了或是并合了他们而占据列岛中部和东部沿海平野作为农耕地。他们所以取得优势地位为的是持有较高的文化。《魏志·倭人传》："倭人在带方东南大海中。从郡至倭，循海岸水行，历韩国，乍南乍东到其北岸狗邪韩国七千余里，始度一海千余里，至对马国。"所谓倭人北岸的狗邪韩国，亦见于《弁辰传》，称为弁辰狗邪国；《后汉书·东夷传》也说："马韩南与倭接，弁辰亦南与倭接"；大约狗邪是一个主权两属的小聚落国家。《魏志·倭人传》所记的倭国领域虽仍限于九州北半部，但如所记："收租赋，有邸阁，国国有市，交易有无，使大倭监之。自女王国以北，特置一大率，检察诸国。诸国畏惮之。"这似乎是征收租赋而在各小国开官设市场放卖，以专官监视交易；而诸小国对征服者的耶马台倭女王国不得不谨守从属责任；可认为自足的经济时代中特殊的交换经济，并说明了女王国有强大的统治力足以和本传中所载九州南部的男王国对抗。又传中说到女王卑弥呼死，"大作冢，径百余步，徇葬者奴婢百余人"；奴隶制的展开，足以证明当时农业经济和土著性已经发达，是文化已经更向前进一步的现象。

五、弥生式文化与中国文化关系

　　依考古学的研究结果所指示，日本农业与弥生式文化相伴发展，而主要作物是水稻。在弥生式系统遗迹里发现谷壳和曾经烧过的米，有谷痕的弥生式土器亦多数发现，又当时的贮藏器里有曾经煮沸的米浆附着；而且弥生式聚落遗迹较之绳纹式遗迹远多存在于冲积平野或与平野相接的土地上；这些事实说明了借水稻栽培的农业生产的发展。弥生式时代的农业生产技术与知识导源于中国文化，经朝鲜半岛至日本西部，更由西部渐次东进扩展，这和倭人的移动进展路线是一致的。中国人以农耕关系，他们的活动范围从黄河流域扩张到辽河和松花江一带平野，更南入半岛的大同江流域，再进入汉江流域；因这种发展，开导了洛东江流域和半岛西南的韩族进入农耕时代；这种开导，以乐浪的开发耕垦为主要原因。《魏志·辰韩传》裴松之注引《魏略》云："王莽地皇时，廉斯鑡为辰韩右渠帅，闻乐浪土地美，人民饶乐，亡欲来降。"汉人所经营的乐浪文化迟早必然传播于其邻近民族之间，而倭人得以挟这种新文化渡海向新天地开拓，克胜先住民族，固毫不足惊异。

伴同弥生式土器出土的有铜鉾、铜剑、铜铎。铜铎用青铜铸造，形似周代的钟，但稍扁平，而极薄，铎身上端有二孔，大的有一米半，小的不过二十厘米，大抵为一种乐器。在铜铎表面所铸出的原始绘画所表现的有两人用臼杵舂谷的图样，显然是农耕生活已渐带有定着性。又伴同铜鉾、铜剑出土的有铜镜，日本人总称为汉式镜。汉式镜在日本列岛各地古坟中多所发现，单是帝室博物馆所藏已超过三百面，其中可分舶来镜和仿制镜；舶来镜是中国铸造品，仿制镜是仿舶来镜铸造的，都曾作为豪贵者的坟墓副葬品。《魏志·倭人传》里也曾明载景初中赐倭女王铜镜百枚。汉式镜中有年号铭记的有吴赤乌元年即公元二三八年的在铭神兽镜在本州的甲斐古坟发现，又有纪年缺第一字的在铭神兽镜可比定为魏正始元年即公元二四〇年的，也在本州的上野古坟出土。有一重要的统计是：舶来镜多属于比较的古代，在西部日本古坟出土为多，仿制镜则于时代稍后的古坟多所发现，虽则西部日本也有，但总以东部日本比较多数；又舶来镜中属于前汉时代的，在北九州至濑户内海沿岸发现，而后汉三国时代的则发现地以畿内地方为中心，东至关东地方，西至中国、四国和九州各地。这很明显地足以证明古代日本文化的发展是自西移东的。又在日本发见初期镜的细线锯齿文镜，在朝鲜半岛南北常有发见，这是中国文化之传入日本是以朝鲜半岛为经路的确证。

六、铁与倭国

后汉亡而为三国，中国内部统一力量被破坏，其四周的民族便群起活动；虽则魏对东北和朝鲜曾努力经营，但西晋八王之乱前后，国力已困弱，东方新兴国家建设运动因此蓬勃。永嘉南渡，东方的经营完全放弃，乐浪遂入高句丽之手。第四世纪初期，高句丽遂并有辽河以东和南达临津大同江间的地域；百济则在东晋之初统一马韩，三七〇年前后并领有带方故地，和高句丽比邻；东南的新罗也起自辰韩。这种新形势自然给予倭人以莫大刺激。据一八七七年间在辽宁辑安县即高句丽故都附近所发现的好太王碑文："倭以辛卯年来渡海破百残新罗以为臣民"，百残即百济，这是公元三九一年的事，自是屡年和高句丽争雄于半岛。《宋书·倭国传》："倭赞死，弟珍立，遣使贡献，自称使持节都督倭百济新罗任那秦韩慕韩六国诸军事安东大将军倭国王，表求除正"；所谓任那是介于新罗百济在半岛南端的小国，即旧日的狗邪国，亦即弁韩故地；秦韩、慕韩音近辰韩、马韩，大抵原是大国，变成小国；所可注意的是倭在公元三九一年之前当然已经由原始的聚落国家发展扩大成为统一日本列岛大部分的新兴国家，否则决不能具有渡海破百济新罗的巨大军事力量与组织。如《宋书·倭国传》所载，后来顺帝升明二年即公元四七八年倭王武上表："自昔祖祢躬擐甲胄，跋涉山川，不遑宁处，东征毛人五十五国，西服众夷六十六国，渡平海北九十五国"；毛人与众夷自然是指不属于倭的异族，必先团结了本族，战胜列岛内异族反抗势力才能渡平海北诸国的。至于能够统一的理由，固然受半岛的国家建设运动影响，但主要的恐怕仍然基于受中国文化影响，因为中国早已进入铁器时代，使倭人对青铜器的使用迟早不能继续而也转入铁器时代。倭人于铁器之使用与铜器约略同时而稍后，属于弥生式文化时代，但并未发达；如《魏志·倭人传》所记，当时的武器是用矛楯木弓、竹箭或铁镞或骨镞而已；其发达则在接弥生式时代之后的所谓古坟时代。是时已能使用铁制农具，使农业成为社会的主要生产，而促成大土地所有制，成为统一国家的一重要条件。在古坟的副葬品中常有铁制的锹和锄的刃部和镰出土，可证明铁制农具之普遍发达。据《魏志·弁辰传》："国出铁，韩濊倭皆从取之，诸市买皆用铁，如中国用钱，又以供给（乐浪、带方）二郡"；铁的需要，是倭不愿放弃半岛南端的一重要原因。后来于采铁技术获得后，在日本列岛上便也能产铁。在古坟所发见有不少铁制的马具、甲胄、刀和剑等，则更由农具进至武器，成为统一国家又一直接条件了。据好太王碑，十七年丁未与倭合战的结果，获铠甲一万余领，军资器械不可称数；丁未是公元四〇七年，上距《魏志·倭人传》所载用幼稚的武器木弓铁镞或骨镞的时期，还不到两个世纪，而有大量铠甲制造，在古代说似不能不认为是飞跃的进步。这种进步和弥生式文化的进步,在文化史上看来,其重要性是不在大化改新或明治维新之下的;而在由外国文化所促成的一点上,亦相类似。又,弥生式文化与民族一同进入日本列岛,而不是从原住民族的文化渐进长成的,这一点尤可称为日本文化史上的一特色。

朱舜水一尺牍

去岁复员来杭，睹旧肆中多有《舜水遗书》，而价甚廉，异而购之。是书为民国二年（一九一三年）铅印本，绍兴汤蛰仙寿潜序。先是舜水殁后，门人德川光圀（即"国"，下文均书为"国"）辑其遗文为二十八卷，日本正德二年（一七一二年），光国子纲条刻之于西京，所谓水户本也。而五十川源刚伯亦曾从舜水学，先尝编录遗文，为《明朱征君集》，凡十卷，所谓加贺本也。清末，日本稻叶君山于二本外，又从南京得张廷枚《姚江诗存》所录《泊舟稿》，因合刊之，并添《附录》一篇，题曰《朱舜水全集》。汤蛰仙委其婿马氏重加编定，为《文集》二十五卷，《释奠仪注》一卷，《阳九述略》一卷，《安南供役纪事》一卷，《附录》一卷，合二十九卷，即是本也。其间颇有讹字。因忆曩尝见日本东京帝国大学史料编纂挂所出版之《古文时代鉴》中有影印《舜水一尺牍》，遂着意求之，今果得焉。书曰：

前承瑶函贲及，且惠以家制珍品二种，足感雅爱！此时以行李匆匆，未得奉柬谢；谓台驾于月初荣发，半月之间即可晤言，故遂疏略至此。不谓至今尚未得握手，怏甚！上公安和之详，立庵老自当细述。前以大臣病，故意不适，今亦日出近郊，以为排遣耳。友元令兄近况必佳胜,承枉顾,不得细谈为别,至今怏怏。仆近来小恙,把笔尚觉眩晕,不能作书奉候,幸藉鼎言转致!尊翁老先生希叱名致声!诸晤馨,不宜。

  道设野大兄翰史 之瑜顿首

阳月二十五日

  此书《文集》卷十一载之,而改"上公"为"宰相源公","友元令兄",无"令"字。然据编纂挂之解说,则《明朱征君集》卷四所载已自如此。然则他处之舛讹,铅印本可任其过,惟斯二者未能强责焉。信乎原文之可贵,而校勘一事为未易言也!尺牍已毁于二十五年前东京大地震之火,犹幸有影片而已。舜水遗迹虽尚有存者,然此札被毁,要为可惜也。观其书法之苍劲,可以想见其为人。

  是书为致其门弟子人见懋斋者。懋斋本姓小野氏,名道设,故书中略称为"道设野"。道设又名传,《文集》卷八及十二有《与野传书》及《答野传书》,亦即其人;以养于伯父卜幽,称人见氏。又书中所谓上公者,德川光国也。立庵老则为水户儒医奥山玄建,《文集》卷十二有《与奥山玄建书》二通,卷十八有《立庵记》。友元为懋斋之兄人见竹洞,名节,字友元,竹洞其号,即《文集》卷十之野竹洞及卷十二、卷十五之野节。尊翁老先生即卜幽也。

  舜水以明末离余姚故乡,走舟山,既而走日本,走安南,为恢复之计。及知事不可为,乃决海外全志,寄身日本二十余年而卒,终不改明衣冠,其葬依明式成坟。德川光国为文祭之曰:

  呜呼!先生!明之遗民。避难乘槎,来止秋津。瘝瘝忧国,老泪沾巾。衡门常杜，箪瓢乐贫。 韬光晦迹，德必有邻。天下所仰，众星拱辰。……函丈师事，恭礼宾宾！

光国既尊之为宾师，故编纂遗文成集二十八卷也，每卷冠以"门人"二字，以表其诚敬。

日本明治维新以前之勤王思想受《大日本史》一书之影响甚深，日本人屡屡言之，盖斯史以明大义各分著云。江户幕府权压中央，举国不得不听命，而德川家康以大将军居其上，视国君蔑如也。水户侯光国，则家康之孙也，而起尊王之念，不得谓非奇事；日本史家每讳其原因而不言。以余推之，得于舜水之教者为多。光国以读晚明史而感奋，遂请舜水为楠木正成并其子正行作象赞，文见于《文集》卷二十。正成父子以勤王战死，故特显彰之。方光国之志于修史也，谘于舜水及儒臣人见卜幽、辻了的；卜幽与了的皆舜水之友。及史馆置总裁，其第一任即为人见懋斋，而安积澹泊、栗山潜峰亦相次为之，又皆舜水弟子也；其间安积澹泊之功为最多。澹泊名觉，修史之外，并尝为诸本纪、列传作论赞，以褒贬严正称；而其尊仰舜水，可于正德二年所撰《文集》后序及与今井弘济同撰之《行实》见之。弘济号鲁斋，亦从事编纂之史臣也。是则明大义名分之旨，谓非由于舜水之教可乎？且夫所谓水户之学，最称为能继承朱子，而倡之者则又舜水及其弟子也。舜水答释断崖元初之书曰："仆以中国丧乱，往来逋播荡摇于波涛中者十七年，去冬方得暂借一枝，栖息贵邦。衣粗茹藿，身操仆婢之役，所冀天下稍宁，遄归敝邑，本非为倡明儒教而来也。生于圣道榛芜之日，而贵国又处极重难回之势；若以仆之荒鄙，而欲倡明绝学，犹以管、蒯之朽索系万钧之石，垂之千仞不测之悬崖，其不绝而坠者，自古及今未之尝闻。""极重难回",言佛教极行于当时之日本也。舜水虽不为倡明儒教而来,然其学卒传于异国矣。舜水之师陈木叔函辉、朱闻远永佑、张鲵渊肯堂、吴霞舟钟峦与乎知交王完勋翊、张侯服名振,尽皆以死报国。舜水有此师友,何其幸也!志节之高,岂偶然哉!

清光绪八年处理朝鲜大院君倡乱事件密档之一斑

相老人和我谈到清光绪八年朝鲜大院君倡乱事，说有直隶督署往来文件多种，系向当时直隶总督张振轩的哲嗣冀牖假得，由乐素抄存副本。急向乐素索阅，抄取数通，发表本刊，俾与老人谈话笔记，互相参证。中间第五、第六两件，直督复函，及马道禀函，规划得周详老练，此案所以迅速办了，未始非张振轩、马眉叔二人的功绩。至于这项全部文件有统系的发表，且待乐素。

编者志

（一）直隶总督张树声电总理各国事务衙门——光绪八年六月十八日
　　亥刻发　　直字第十七号
拟派丁汝昌马建忠赴朝鲜

　　敬密肃者：本日叠接黎莼斋星使十七十八两日来电，知高丽乱党现向日本使馆滋事，谨将两电录呈钧览。高丽向为日本所制，近日径与各国立约通商，日人又屡议税则，而不能定，其心不无觖望。今高人围打使馆，致有伤亡。日本兵船驶往，自系借题威吓，期遂其大欲。何子峨星使顷间过此，渠谓有外务大辅既来相告，亦未始无希冀调停之意。兵船虽往，或未必遽开兵衅。子峨久习倭情，自非无见。惟高丽为中国属邦，日人既经来告，中国既知此事，谊不可若罔闻知。莼斋谓宜派船前往观变，似亦题中应有之义。树声已饬统领北洋水师丁提督汝昌预备快船两号，兵船一号，在此伺候。如须派往，自可借筹议中高商务为名，不必牵及此事，惟高人之求助，日人之以问罪高人相语，皆在意中。此时相机因应，或竟可为作调人，必得熟习交涉事宜，能达权变之文职大员同往，方可期周旋得法。马道建忠堪胜是役。昨已乘轮，届计日内甫能抵沪。顷已电嘱在沪守候，应否飞饬该道刻日折回，与丁提督乘轮同赴朝鲜，相机观变之处，伏乞迅赐指示遵行。除电复莼斋请将实在情形随时电寄外，专肃密达，只叩钧祺。　　张树声谨肃

（二）出使日本黎大臣庶昌电直督张——六月十八日下午两点钟到

报告日本派兵

外务大辅来告：中六月初九高丽乱党突围日本使馆，打死一人，伤数人。日使花房等逃至仁川。又被高兵围阻。后得上英船，载至长崎。现拟派兵船三只前往查办此事。特电知，恳录呈总署。　十七黎

（三）又电——六月十八下午两点四十分到

主派兵观变

日本兵船即赴高丽，中国似宜派兵船前往观变。　十八黎

（四）又电直督张——六月二十上午十点三十分到

主速派兵

日船于十七八先后赴高，水兵七百余，另有步兵七百。外务卿井上馨亲往督办。已于昨日动身。日廷虽非决策用兵，然众情甚嚣，实在准

备，我兵船之去，似宜从速。　　昌复廿

（五）直督张复总署——光绪八年六月廿四日午时发　直字第二十号

报告乱首为李昰应主续派兵船

敬密肃者：本日接奉廿三日直字六百八十四号密函，训示一一，祗诵之下，钦佩莫名。朝鲜际此危乱，中国不能不以天讨天诛，为伐谋伐交之举。丁提督汝昌于昨朝出口，至烟台东渡；接马道建忠复电，亦于是日北行，取道烟台。树声以该道既可与丁提督在烟台相遇，再来津门，殊多迂折，当将一切机宜，指示丁提督领悉，并详细函告马道，嘱其径由烟台，与丁提督迅速东行矣。中国之于朝鲜，谊难膜视。此次之事，树声先以调派陆军，恐势不能已。淮军庆字各营，驻扎登州，下船渡海，一日夜可抵朝鲜，当于二十一日、专函约该军统领吴筱轩提军长庆刻日来津晤商，日内计当可到。然其时犹但知朝鲜内有乱党，虑日本借端干预居功而已，惟阅该国陪臣金允植鱼允中与津海关周道笔谈，词意甚危，似有难言之隐。比属周道与金允植往复进询，尽露底蕴，知其国向日乱党实李昰应为首，即该国王本生之父，患在萧墙，酿祸已久，煽党甚众，辨理较为费手。谨将周道与金允植笔谈，并金允植复周道书，录呈钧览。窃惟李昰应如果显为悖逆，势焰方张，谅非该国遽能自定。如犹在暗中主持布置，则朝鲜不去此人，后患终无底止。亦非该国王所能自了。即使乱党暂平，而日本一边，诚如来论，必不免一番狡展。亦必须有兵力相当，始易调停就范。综筹统计，是续调陆师，事无可止。至李昰应一节，事关君臣父子之间，辨理之宜，尤须折中体意，以伸天朝讨逆助顺大义，免为乱党借口煽惑。吴筱轩尚有经纬，非仅以勇猛为长，必可相机妥办。现在此间只有新购两快船，及扬威一练船，实恐不敷调拨。镇海一船，方入坞修理。此外各船，则船小炮大，且一船只有一炮，系属守口之用。树声已电嘱江海关邵道禀明南洋，预备登瀛洲驭远兵轮两号，一俟筱轩到津商妥，即电咨南洋，调赴烟台，并饬招商局亦预备轮船装运，以防不敷。届时即当一面照办，一面具折禀明。黎莼斋处亦遵示电嘱随时发电知照矣。肃复只敂钧祺。　　树声谨肃

(六) 马道建忠自朝鲜禀直督张——七月初一日丁提督带到自六月二十八日发

上济师定乱计画主掩执逆首

敬禀者：窃职道前于二十五日由烟台舟次，肃上一禀，谅尘钧鉴。旋于次日三点钟，展轮东渡，至二十七日晚九点钟，驶抵汉江口月尾岛下椗，见日本兵舶一艘，已先于口内停泊。时鱼允中在超勇快船，即传请来舟，令派人至近岸花岛别将处、探访确实情形，俾便相机措置。寻据回报各节，似事势尚未十分吃紧。嗣于次早复接允中来信云：“更探本邦情形，则国势一翻，有堪痛哭者。煳乱另有其人，朝臣之涉于外交者，殆无孑遗。至仁川府使，亦仰药而死，其他可知。”等语。旋据新任仁川府使遣派军校及花岛别将先后来舟笔谈，该军将等皆被服缟素。问答之际，虽未敢直斥倡乱之人，与其王妃及各大臣被害之实，而其吞吐之言，已有与允中函词吻合者。因复传请允中来舟笔谈，则据称：“顷复着人探访，略得大概，初九日之事，系国王生父兴宣君李昰应率众倡乱，直入王宫，劫杀王妃，逼归太王妃，国王虽未见废，已幽囚不与外朝相接。搜杀大小文武之异趣而涉外交者殆尽。人民率奔走山谷以避。”等因，而日本参赞近藤真锄来谒，亦谓：“李昰应因兵作乱，往见王妃，进酖以弑。现在大权独揽，极为猖狂。”云云。职道伏查本月二十一二等日，朝鲜领选使金允植与津海关道周馥书函及笔谈等件，内

称："昰应结连与党,图危宗社,逆跡久著。"兹复□□□及该军将等与近藤真锄之言,则初九日之变,其为昰应借清君侧之名,剪除国王羽翼,□□窥伺藩位无疑。夫朝鲜国王李熙者,固我中国大皇帝册封,以为该国之王者也。今昰应乃□恃私亲之贵,杀其王妃,而幽囚之,其肆无忌惮之心,已可概见。所不敢遽废国王者,度□人心未定,兵力未集,故稍事迟回耳。设中国略加观望,不为急图戡定,则其害将有不可言者。为今之计,莫如仰恳宪台,权衡独断,一面出奏,一面檄调陆军大营,即趁威远、湄云、泰安及招商局轮船之在津者东来,乘迅雷之势,直趣王京,掩执逆首,则该乱党布置未定,防御难周,摧枯拉朽,当可逆计。若须得其国王玺书,或臣民公状,乃可奏请发兵,则内外隔绝,出入难通,欲另作一书致赵宁夏、金宏集等,令纠左袒臣民,具一乞援公状,则宁夏等既存亡莫卜,而现在昰应大权独揽,沿途关隘及城门内外,谅无不遍布私人,脱事机走泄,不特速诸臣之死,而使该逆党等知风预防,则将来办理,必且益难得手。故不揣冒昧,函请济师。惟仁川、南洋等口,距王京虽仅百里,而遍地皆山,乱党易于伏匿,进兵之际,必步步为营,节节递进,使后顾不致贻忧,斯前驱乃能深入。故兵数至少,须以六营为度。如六营不可促调,则请于就近,无论何军,择其可以速发者,先派枪炮队各一营,饬令即速前来,先占海岸,庶随后各营来集,乃可有路进取。此外仍请函商总署,电调南洋兵船二艘,装运粮饷,兼壮声威。其各营所用子药,亦请饬军械所分别拨运前来,以便接济。职道所以为此亟亟者,一则恐乱党日久蔓延,骤难扑灭;一则日本花房义质及井上馨等,不日将率领兵舶,大集汉江,设其时中国仍无举动,彼必以重兵先赴汉城,自行查办,则朝鲜国内,必至受其荼毒,而此后日本定乱有功,将益逞强邻之焰,中国相授勿及,或顿寒属国之心，藩报将由此益衰，国威亦因之小损，事机之失，有深可惜者。职道本拟趁舶来津，亲承教诲，以花房义质等不日将至，拟留此相机因应，冀诱令稍从延宕，以待我师，且可续探国内详细情形。兹丁提督乘轮西渡，□商一是，不□之言，统当由其而□。所有朝鲜国事危蹙，亟应济师定乱情形，谨缕悉禀陈，不胜迫切待命之至。至各营东渡后，职道应仍留军中襄助，抑当即行回津，统候钧示只遵。再缮禀未竟，日本兵舶二艘又至，上载军士多名，计丁提督回津往返，至速必须六日，此间仅兵舶二艘，声势甚单，恐花房来时，或至意存轻挟，乞饬各营即速东渡。总之，今日之事，早一日则多收一日之功，迟一日则重受一日之弊。职道为顾恤藩封，保全国体起见，故不觉言之过迫，伏乞鉴原。专肃具禀，恭请崇安。伏维钧鉴。　马建忠谨禀

（七）出使日本黎大臣电直督张——七月初五日寄
主直执大院君

总相送□日兵计早到仁川，其举动与添调未闻，数日当有信。毒杀王妃及世子妃，皆大院君之谋，此为父篡其子，我陆军兵直当执大院君，诛乱党，而后与日人办理。日廷已派海军中将夏本武扬为驻华公使。　昌复

（八）总署函直督张——光绪八年七月初五日到　直字六百八十八号
嘉慰直督并嘱因势乘便

振轩阁下：密启者。七月初一日发直字六百八十七号函，并夹单抄件，谅尘冰案。初二日酉刻接准来函，并抄件阅悉壹是，朝鲜内乱情形，以此次丁提督所述为最真，马道禀函亦颇详切。中国兵轮到日，尚

不致竟落日人之后，差强人意。皆由阁下应机迅速，成算在胸，曷胜佩慰。吴筱轩一军，刻下计已东渡。所带六营，是否足敷布置？如果尚须添调，应请阁下酌量情形，迅即速派前往，以厚兵力。军情瞬变，并望切属该提督等因势乘便，力图进取，不必专候少荃中堂，致误事机。惟乱党不难剪除，而李昰应颇难处置，缓之则负固，急之则生变，转恐该国王无以自全，以后之事，更难办理。此行以保全国王为要义，倘能生致李昰应解送京师，听后朝廷裁断，则探骊得珠矣。高明以为何如？日昨何天爵来署，言："美国现亦有兵船前去，如日人有非礼相加之事，即可从中排解。"等因，此意并望密谕马道知之。　专此奉布，顺颂勋绥

（九）直督张致总署——光绪八年七月二十一日发　直字三十一号
主永羁李昰应

敬密肃者：本月二十日，登瀛洲兵船解送朝鲜李昰应到津，一切办理情形，树声已具疏驰奏，毋容赘陈。此次乱事，李昰应阴为乱首，几危该国宗社，实为罪在不赦。惟彼在国中与国王居父子之亲，无君臣之分，礼绝百僚，瞻仰者众。且平日持拒绝外交之议，其称先则古之士，庶亦不免意存左袒。叠接吴、丁两提督及马道函牍，均言李昰应地属尊亲，设竟按罪行法，该国王将无以自处，亦无以止该国悠悠之口，而尽喻其心。然使复能返国，不特将来酝酿依附，威势所积，又虑再起乱萌，不可收拾，即目前彼国人心，仍不免观望徘徊，从违莫定。树声前曾窃议，如能生致昰应，莫如永远羁禁中国，由该国王岁致奉养之需，似为恩义两尽。现据马道来禀，接该国王函告，欲亲致马道馆中，为昰应缓颊，并令赵宁夏、金宏集等附轮至津，吁乞天恩，宽宥昰应。揆诸情理，亦事所应有。李昰应略加调养，即可就道解送到京。仰惟朝廷仁

至义尽，如何处置？自有权衡。第既据吴、丁两提督及马道称述各节，不敢不附陈聪听。马道另禀，请将朝鲜致乱，与中国代为戡定缘由，布告日本，及曾与朝鲜立约各国，期借公议，以杜日人格外请求之志，似不为无见。原禀录上，伏候钧裁。又马道寄到笔谈及花房义质所开七款，朝鲜国王告示，并致吴提督手书，委员潘青照与李昰应笔谈，均可备鉴核。谨照录附呈、专肃，只叩钧绥。　　张树声谨肃

（十）总署函直督张——光绪八年七月二十四日 到直字六百九十一号
嘉赞直督

振轩阁下，密复者：刻接来函，悉李昰应已解送到津，闻之快慰。此事可谓探骊得珠，其余一切，定易措置，非台端指授方略，成算在胸，曷克臻此？来函所述，自是扼要之论。现在李昰应既须略加调养，可以不必亟亟解送，大疏已上，明日定有谕旨，俟奉到后，钦遵办理可也。匆匆不及多赘，先此密复，顺颂勋祺。